一度読んだら絶対に忘れない

JAPANESE TEXTBOOK

国語の教科書

辻孝宗

はじめに

読解力を伸ばしたいなら現代文、古文、漢文は同時に学べ！

「読解力は才能やセンスだから、勉強してもムダ」

このような意見を耳にすることがあります。

実際、学生時代にほとんど勉強していないのに国語の成績がずっと良かったという人や、反対に一生懸命勉強したのに国語の成績がほとんど上がらなかったという人が多いようです。

しかし、私は西大和学園という学校で中学生や高校生に国語を20年以上教えていますが、**読解力を伸ばすことに才能やセンスなんて関係ない**と断言できます。

私の教え子の中で、読解力を伸ばすための文章の読み方を身につけることで、国語の偏差値が10や20伸びたという例は数え切れません。

学生時代、国語が苦手だったという人は、けっして才能がないのではありません。読解力を伸ばすための方法論を知らないだけなのです。

読解力を伸ばすためには「本をたくさん読むことが大切」とよく言われます。

もちろん、読書は大切ですが、読解力を伸ばすための方法論がわからないまま、やみくもに読書の量だけを増やしても読解力はなかなか向上しないでしょう。

では、どのように勉強すれば読解力を伸ばすことができるのかと言うと、本書で解説するメソッドの特徴は、次の3つです。

①現代文、古文、漢文を〝同時〟に学ぶ
②現代文、古文、漢文を横断しながら、読解→語彙《い》→文法の順に学ぶ
③文章の7つの型を理解する

まず1つ目についてですが、現代文、古文、漢文は、同時に学ぶことで読解力が劇的に向上します。「読解って、現代文だけの話ではないの？」と疑問を抱いた人が多いと思いますが、古文と漢文の勉強も、じつは現代の文章の読解力を伸ばすことに重要な役割を果たします。

2つ目は、学ぶ順番についてです。

一般的には「文法→語彙→読解」という順番で学ぶことが多いと思います。しかし、読解力を伸ばすためには、じつは「読解→語彙→文法」という順番で学ぶことが理想です。読解力を漢字や古文単語、古文や漢文の文法などのいわゆる〝暗記モノ〟は、すべて読解と紐づけて学ぶ必要があるので、最初に文章の読み方の土台をつくることが先決になります。

そして最後は、文章の型についてです。世の中には様々な文章がありますが、そのほとんどが7つの型に集約することができます。そのため、文章の型を理解することで、内容を把握するスピードが飛躍的に向上します。

テレビや新聞などのメディアでは、子供の読解力の低下が繰り返し叫ばれているものの、肝心の読解力を伸ばす方法論に対する言及が抜け落ちているように私は感じています。

読解力を伸ばしたいと考えているもののどうすればよいのかわからない社会人や、現在、国語の勉強の仕方がわからないという悩みを抱えている高校生や大学受験生に、本書が少しでもお役に立てば幸いです。

西大和学園中学校・高等学校教諭　辻 孝宗

一度読んだら絶対に忘れない 国語の教科書

CONTENTS

CONTENTS

第1章 読解

第2章 語彙力

CONTENTS

CONTENTS

一度読んだら絶対に忘れない国語の教科書

なぜ、国語が苦手な人が多いのか？

【ホームルーム①】

読解力低下は、学校教育にも原因がある

昨今、学生の読解力の低下が叫ばれています。ただ、読解力の低下の問題は今に始まったことではなく、これまでに何度も話題になっています。

なぜ、日本の学校教育では、読解力が育たないと言われるのか？

私は、**学校の国語のカリキュラムにも1つの原因があるのではないか**と考えています。

左の図を見てください。一般的に、学校の国語という科目は、現代文、古文、漢文の3つに分けて授業が行われています。こうした状況から、本書を読んでいる人の多くもそうだと思われますが、現代文、古文、漢文はそれぞれ独立した別の科目のように捉えられています。

図 H-1　一般的な国語の学び方

	文法	語彙	読解
現代文	主語と述語、接続詞など	漢字の勉強、慣用句の勉強	現代文の文章読解
古文	助動詞の識別、活用形など	古文単語の勉強	古文の文章読解
漢文	漢文の句型など	漢文の漢字の勉強	漢文の文章読解

一般的な学校の授業では
現代文、古文、漢文を別々に学ぶ

しかし、国語という教科は、あくまで1つです。国語を学ぶ目的も、現代文、古文、漢文を含めて1つなのです。では、国語を学ぶ目的とは何かと言うと、**現代の文章が読解できるようになること**。つまり、**読解力**を身につけるということです。

古文と漢文を学ぶ本当の目的

このようにお話しすると、「読解力の低下って現代文だけの話ではなかったの？　古文の授業は、古文が読めるようになること、漢文の授業は、漢文が読めるようになることが目的ではないの？」と、疑問を抱く人が多いと思います。

ただ、このように多くの人が考えてしまうのも無理はありません。なぜなら、現在、現代文と古文、漢文を別々の先生が教え、授業内容も連携されていない学校のほうが多いからです。

改めて申し上げますが、**現代文だけでなく、古文も漢文も、学習の目的は、あくまで現代の文章が読解できるようになること**です。

現代文と古文、漢文はすべて密接に関連しているため、切り離して学習してしまうと、読解という点において学習の効果が半減してしまう、というのが私の考えです。

そこで、私の推奨する国語の学習法が左の図です。読解、語彙、文法というテーマを軸にして、現代文、古文、漢文を横断しながら学習します。つまり、**現代文と古文、漢文を同時に学ぶ**のです。

図 H-2 現代文、古文、漢文は同時に学べ！

	文法	語彙	読解
現代文	主語と述語、接続詞など	漢字の勉強、慣用句の勉強	現代文の文章読解
古文	助動詞の識別、活用形など	古文単語の勉強	古文の文章読解
漢文	漢文の句型など	漢文の漢字の勉強	漢文の文章読解

現代文、古文、漢文を横断しながら、
「読解」「語彙」「文法」の順に学ぶ

現代文、古文、漢文は同時に学べ！

【ホームルーム②】

古文・漢文も現代の言葉とつながっている

さきほどお話しした通り、現代文、古文、漢文を含めた国語の目的は、**「現代の文章が読解できるようになること」**。この1つだけです。

古文の勉強は、古文が読めるようになることが目的ではありません。

漢文の勉強も、漢文が読めるようになることが目的ではないのです。

「でも、古文と漢文は、現代文と関係がないのでは？」

このような疑問を抱く人がいるかもしれませんが、古文と漢文は、現代の言葉と密接なつながりがあります。

例えば、「決着をつける」「結論を出す」という意味で「けりをつける」という表現があります。

この「けり」は、「キック」という意味の「蹴り」ではありません。

古文の文章によく登場する助動詞「けり」なのです。

古文では、「なりにけり」のように、言葉の終わりに「けり」を付けて「文の終わり」を示します。

そこから「けりをつける」で「文章の終わりをつける」という意味になり、転じて「決着をつける」「結論を出す」という意味で現在まで残っているのです。

また、日常会話で「そうだったっけ?」という言い回しがよく使われます。この文末の「け」も、古文の助動詞「けり」の名残です。

漢文についても、現代にたくさんの言葉が残っています。例えば、「雨垂石を穿《うが》つ」や「有終の美を飾る」「良薬は口に苦し」「青は藍より出でて藍より青し」「逆鱗に触れる」「覆水盆に返らず」など、もともと、これらはすべて漢文の言葉です。

四字熟語にも、「傍若無人」「朝三暮四」「切磋琢磨」など、漢文が由来の表現がたくさん残っています。

もちろん、古文、漢文の知識がなくても現代の文章を読解することはできます。

しかし、**古文と漢文を現代の文章の読解という目的で勉強することによって、国語力が相乗効果的に伸びる**のです。

国語は「読解」→「語彙」→「文法」の順に学べ！

【ホームルーム③】

マクロからミクロへピントを絞る

17ページの国語の学び方の図について、もう1つポイントがあります。

それは、文法、語彙、読解の3つを学ぶ順番についてです。

現在、学校の授業では、現代文、古文、漢文について、それぞれ「文法」→「語彙」→「読解」という順番で教わることが一般的だと思います。

しかし、私は、**「読解」→「語彙」→「文法」**の順番で勉強することを推奨します。

なぜなら、**「読解」→「語彙」→「文法」の順番で学ぶことによって、マクロからミクロという流れで文章を理解することができる**からです。

このマクロからミクロへ、少しずつピントを絞っていく読み方を私は地図をつくる読み方と呼んでいます。

読解には、大きく「マクロな視点」と「ミクロな視点」という2つの視点があります。

マクロな視点とは、文章の全体像をつかむ視点のことです。

次に、**ミクロな視点とは、1文1文の意味を正しく理解する視点**のことです。

このミクロな視点の精度を上げるために必要なのが、「語彙」と「文法」です。

ミクロな視点の語彙と文法は、マクロな視点が身についた後に、読解と絡めながら取り組むことでより学習効果を上げることができます。

現代文、古文、漢文を横断しながら、読解を中心に語彙と文法も勉強する。これが、読解力をもっとも効果的に高めることができる、理想的な国語の勉強法なのです。

【ホームルーム④】

「読解」と「読む」は違う！

「ただ読むだけ」は「読解」ではない

ここまで「読解」という言葉を使ってきましたが、では、読解とは具体的に何を指すのでしょうか？

こう聞かれると、意外と答えに詰まる人が多いのではないかと思います。

そこで、読解という言葉の正しい意味について解説をしたうえで本編に入りたいと思います。

私の教え子たちから、次のようによく言われます。

「国語の授業を受けなくたって、日本語で書かれている文章だから、ちゃんと読めますよ！」

このような意見に、私は反論するつもりはありません。

なぜなら、この意見は間違っていないからです。

たしかに、国語の勉強をしなくても、日本語の文章を「読む」ことはできます。
しかし、それはあくまで「読む」という作業に限った話です。
次の文章を見てください。

私は、彼のために料理をつくる。
私は、彼のために髭を剃ってあげる。
私は、彼が風呂に入るのも手伝う。
そして私は、彼のために毎日呼びかける。
でも、彼は私に対して反応してはくれない。
彼の目に、もう私は映っていないのだ。

特に難しい表現もないので、誰でも簡単に「読む」ことはできるはずです。
6つの文のそれぞれの意味がわからない、という人はいないでしょう。
ただ、「読解」となると、話は変わります。
みなさんは、この文章をどのように「読解」するでしょうか?
この文章の読解のポイントは、「私」と「彼」の関係性です。

彼のために料理をつくってあげているのに、「彼の目に、もう私は映っていないのだ。」と書いてあるという理由から「私と彼は恋人の関係。私は彼に尽くしているが、浮気をされている」と考えることができます。

しかし、この「読解」は間違いです。

なぜなら、「私」は、彼に「料理をつくる」だけでなく、「髭を剃ってあげる」「風呂に入るのも手伝う」とも書いてあるので、〝献身的に〟尽くしている様子がうかがえるからです。要は、「私」と彼は「恋人を超えた関係」だということです。

彼に対して、「私」はほぼ介護のようなことをしています。

そして彼は、そんな「私」の声に反応していないのです。

つまり、**彼はなんらかの重い病気にかかっており、「私」はそんな彼の回復を信じて献身的に尽くしている**、と、解釈することができます。

文章を「読解する」とは、こういうことです。

読解とは「一番言いたいこと」の「解釈」

ただ目で文字を追うだけでなく、「書き手の一番伝えたいメッセージや主張」を解釈することが、読解という作業なのです。商品の仕様書や説明書を読むときに、読解は必要ありません。なぜなら、文章の意味を「文字通りに」受け取ればよいからです。

日常生活において、「文字通りに受け取る人」は、時に「空気が読めない人」とも言われてしまいます。

例えば、職場でなんらかのミスをして、「キミは、もう来なくていい！」と上司から言われて、言葉通り本当に翌日職場に来なかったとしたら、さらに怒られることになるでしょう。

この場合の「キミは、もう来なくていい！」という言葉は、「職場にもう来てほしくないと私が思うくらいのミスをキミはしたのだから、しっかりと反省しなさい」という意味ですよね。だから、翌日に出社しないのではなく、「申し訳ありません！」と、しっかり謝らないといけない場面なのです。

私からすると、「空気が読めない」というのは、「空気が読解できない」と言い換えてもよいと思います。読解力について、文章を読むときだけに必要な力のように考えている人が多いと思いますが、じつは、日常生活、ひいては人生において必須の力だと言っても過言ではないのです。

いかがでしょうか？

読解という言葉について正しい理解ができたところで、では、さっそく次章から読解について具体的に解説したいと思います。

第1章

読解

「読む」という作業は「読解」の1つのプロセス

「読解」とは、解釈すること

「太宰治の小説『走れメロス』の内容を説明してほしい」

このように頼まれたら、おそらく、多くの人が次の【A】のように説明するのではないでしょうか。

【A】「昔々、あるところにメロスという青年がいた。メロスは邪智暴虐な王様に対して苦言を呈したため、処刑されそうになってしまう。そのとき、メロスは『妹の結婚式に出てから処刑してほしい。友達のセリヌンティウスという青年を私の身代わりにするので、3日間だけ待ってほしい』と、王にお願いをした。そして、無事に妹の結婚を見届けた後、メロスは急いで友の元に走っていく」

【A】の文章は、『走れメロス』という作品のストーリーをわかりやすく説明しています。

では、次の【B】の文章を見てください。

【B】「友との約束を果たすために奮闘するメロスと、そのメロスを信じて待つセリヌンティウスとの友情を描いている。友情の素晴らしさや人を信じることの大切さを教えてくれる作品」

【A】よりもだいぶ短い文章ですが、【B】も、内容としては適切と言えます。

たしかに、『走れメロス』は友情や信頼がテーマの作品です。

ということは、【A】と【B】は、両方とも物語の「説明」として正しいということになります。

ただ、【A】と【B】の文章には明確に違うポイントがあります。

それは、**【A】が「あらすじ」を語っている文章であるのに対して、【B】は「解釈」をしている文章である**ということです。

「文章を読む」とは、【A】のようにあらすじを追う作業です。

一方、**「文章を読解する」とは、【B】のように文章を理解したうえで、書き手（作者）の言いたい**

ことを解釈する作業なのです。

論説文などの場合は、「文章全体、または各段落の内容を短くまとめる作業」が、要約づくりにあたります。そして、「書き手がもっとも伝えたいことを短くまとめる作業」が、要旨づくりです。

本書では、あらすじや要約をつくるための読み方を「読む（読み取り）」、要旨をつくったり書き手の言いたいことを解釈したりするための読み方を「読解」というように、言葉を定義したいと思います。

私の生徒たちを見ていると、国語が苦手な人の多くが「読む」と「読解」の作業を混同していたり、もしくは「読む」か「読解」のどちらかが抜けていたりします。

読解を意識するあまり、いきなり「書き手の一番伝えたいこと」を解釈しようとする人が多いのですが、それだと失敗しやすくなります。

「読む」は「読解」の1つのプロセス

誤解しないでいただきたいのですが、文章を正しく理解するためには、もちろん「読む」という作業も必要です。当然、文章全体として何が書かれているかを正しく把握できなければ、「書き手の一番伝えたいこと」も、正しく導き出すことはできません。

「読む」ことは、「読解」という作業の重要な最初のプロセスなのです。

図 1-1 「読解」と「読む」の違い

読む（読み取り）＝各段落、もしくは文章全体として何が書かれているかをつかむこと。
「読む」作業は、「読解」の最初のプロセス。

読解＝「書き手の一番言いたいこと」を解釈して、導き出すこと

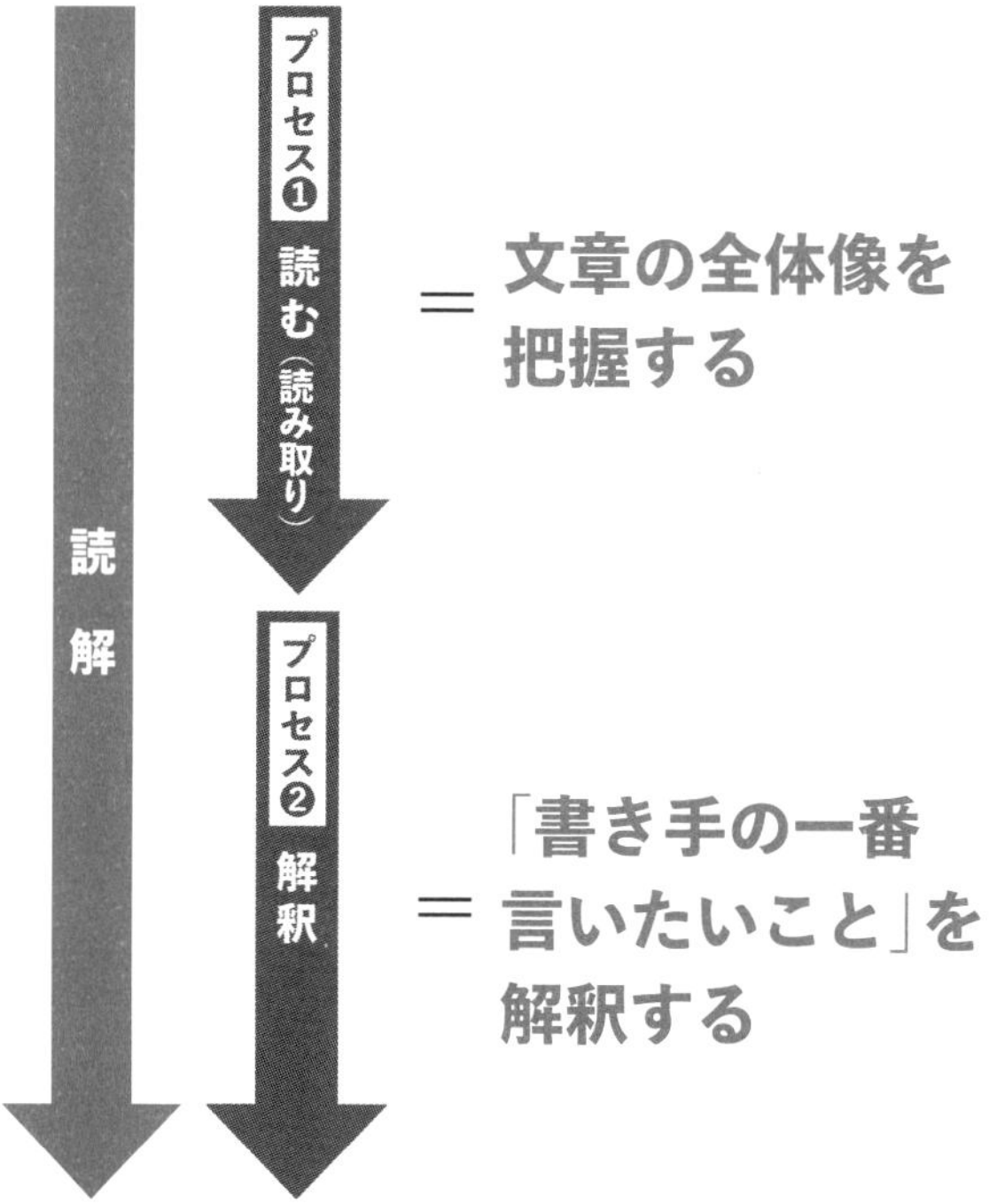
読解
プロセス❶
読む（読み取り）
＝文章の全体像を把握する
プロセス❷
解釈
＝「書き手の一番言いたいこと」を解釈する

読解は、「読む（読み取り）」と「解釈」の2つのプロセスからできている。まずは、「読む（読み取り）」のプロセスを通じて文章の全体像を把握し、その次に「書き手の一番言いたいこと」を解釈する。文章を読解するときは、いきなり解釈から入らずに、文章の全体像をしっかり把握することが大切。

「マクロ」から「ミクロ」へ視点を絞り込む

2つの視点で文章を読み解く

前項で、「読む」と「読解」の違い、そして、文章を読むときは、全体像を正しく把握することから始めることが大切だとお話ししました。

もう1つ、読解力を上げるための重要なポイントがあります。

それは、ホームルームでもお話しした「地図をつくる読み方」です。「地図をつくる読み方」とは、マクロな視点からミクロな視点へ、ピントを少しずつ絞るように文章を読み込んでいくことを指します。

左の図を見てください。

図 1-2 「地図をつくる読み方」の全体像

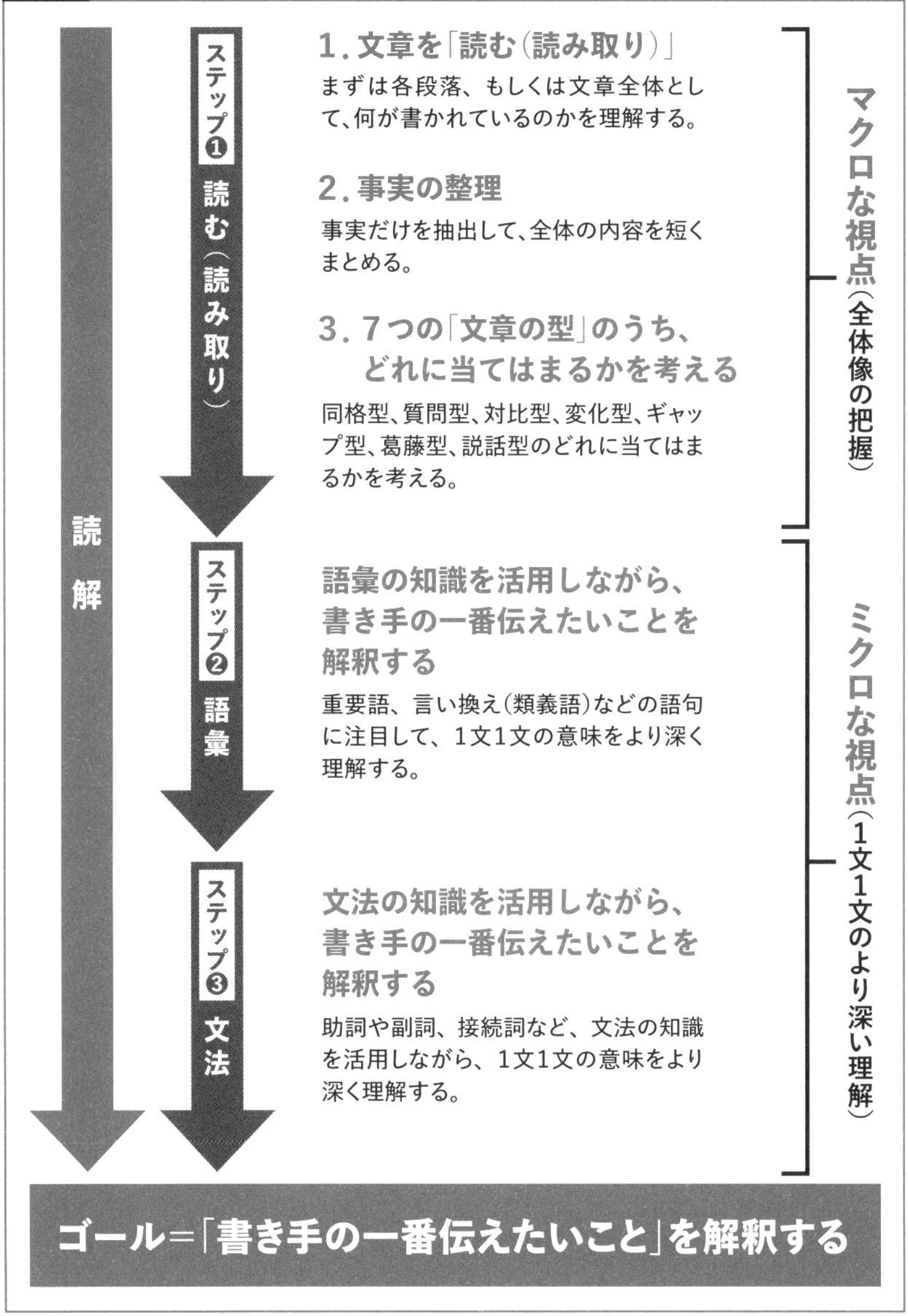
読解
ステップ❶ 読む（読み取り）
1. 文章を「読む（読み取り）」
まずは各段落、もしくは文章全体として、何が書かれているのかを理解する。
2. 事実の整理
事実だけを抽出して、全体の内容を短くまとめる。
3. 7つの「文章の型」のうち、どれに当てはまるかを考える
同格型、質問型、対比型、変化型、ギャップ型、葛藤型、説話型のどれに当てはまるかを考える。
マクロな視点（全体像の把握）
ステップ❷ 語彙
語彙の知識を活用しながら、書き手の一番伝えたいことを解釈する
重要語、言い換え（類義語）などの語句に注目して、1文1文の意味をより深く理解する。
ステップ❸ 文法
文法の知識を活用しながら、書き手の一番伝えたいことを解釈する
助詞や副詞、接続詞など、文法の知識を活用しながら、1文1文の意味をより深く理解する。
ミクロな視点（1文1文のより深い理解）
ゴール＝「書き手の一番伝えたいこと」を解釈する

読解のプロセスには、大きく分けて「マクロな視点」と「ミクロな視点」という2つの視点があります。

マクロな視点とは、文章の全体像をつかむ視点のことです。これが、「読む」という作業にあたります。

次に、ミクロな視点とは、1文1文の意味を正しく理解する視点のことです。

古文と漢文を含めた、語彙や文法の知識を学ぶ理由が、まさにこのミクロな視点の精度を上げるためです。

極論を言えば、語彙や文法の知識がなくても文章の読解自体は可能です。

ただ、読解力を上げるためには、マクロな視点のみでは限界があります。

私の教え子の中にも、よく「文章全体の内容は〝なんとなく〟理解できているが、問題を解くと不正解が多い」という生徒がいます。これは、そもそもミクロな視点が欠けていたり、語彙や文法の知識が少ないためミクロな視点の精度が低かったりすることが原因なのです。

読解とは、森を歩くようなもの

文章を読解するという行為は、例えるなら森を歩くようなものです。

見知らぬ森を歩くときに、地図がないと、自分がどこにいるのか、どちらに進めばよいのかわからず、〝迷子〟になってしまいます。

文章全体として、どのように話が展開されているのか、どのようなことを伝えようとしているのかがわからないと、文章を正しく読解することはできないのです。

森の中で、行き当たりばったりで道を進んでいては、いつまで経っても森から抜け出すことができないのと同じです。

地図をつくるような意識で文章を読むだけで、国語の点数が見違えるほどアップした教え子は数え切れません。

読解をするときは、マクロな視点で全体像をつかむことから始め、「書き手の一番伝えたいこと」を類推する。そして、それを確かめるためにミクロな視点を持つ。あるいは、それがよくわからないときにミクロな視点で語彙や文法などの知識も駆使しながら論理的に1歩ずつ「書き手の一番伝えたいこと」に近づいていくことが大切です。

読解力を伸ばすためには、「1文ずつ追いかける読み方」ではなく、「地図をつくる読み方」を身につけることが第一歩なのです。

まずは、事実を整理して「全体像」を把握する

「事実を整理」するとは何か

前項までお話ししてきた通り、小説、論説文に限らず、**文章を読むときは、必ず「事実の整理」から始めることが重要**です。

「事実を整理する」というと、難しい作業を思い浮かべてしまうかもしれませんが、やることは、とてもシンプルで簡単です。

明日から、誰でもすぐにできるようになります。

さっそくですが、左の文章について〝15秒〟で内容をつかんでください。

とある国に、名君と称えられた王様がいました。

ある日、王様は国民に対して次のように言いました。

「これからウチの国では、米1俵を、金1gと交換するようにする！」

この王様の言葉に対して役人は、こう言いました。

「米1俵にそんな価値はありません。そんなことをしたら、うちの国庫が潤わなくなり、経済が回らなくなってしまいます！ やめてください！」

王様は役人の言葉に対して、こう反論しました。

「そんなことはない！ この政策によって米の価値が上がれば、多くの国民が農業をするようになるだろう。我が国は今、深刻な食糧不足に悩んでいるが、この政策によって農業生産が行われて国の問題は解決するに違いない。それに、金の価値は相対的なものであり、今は高いかもしれないが、金を多くの国民に配れば、価値は下がっていくことだろう。ともかく、今我が国が求めているのは金ではなく、食糧であるという認識を多くの国民に持ってもらうことが先決なのだ！」

その日以降、国民は農業に勤しむようになり、多くの若者たちが米をつくるようになりました。

そして、この王様の国は末長く繁栄したと言います。

すべての「セリフ」を取り除く

15秒と聞いて、慌てた人が多いかもしれません。この文章を普通に読んだら、多くの人が1分くらいはかかると思います。でも、安心してください。これまで、私の教え子で最後まで15秒で内容をつかめなかった生徒はひとりもいません。

この文章を15秒で読むのに、才能や読書量なんて関係ないのです。読み方があるのです。

まず、**文章内にある「　」で括られたセリフをすべて除いてみます。**

すると、次のようになります。

・とある国に、名君と称えられた王様がいました。
・ある日、王様は国民に対して次のように言いました。
・この王様の言葉に対して役人は、こう言いました。
・王様は役人の言葉に対して、こう反論しました。
・その日以降、国民は農業に勤しむようになり、多くの若者たちが米をつくるようになりました。

そして、この王様の国は末長く繁栄したと言います。

さらに簡略化すると、次のように整理できます。

1　王様がいた。
2　王様が言った。
3　役人が王様を否定した。
4　王様が役人を否定した。
5　国が潤った。

これが、じつはそのまま「事実の整理」というプロセスになります。
王様の発言内容までは具体的にわかりませんが、事実を整理する段階では問題ありません。なぜなら、文章全体の内容の把握にほとんど影響がないからです。

例えば、『走れメロス』についても、メロスの友人の名前や、メロスが結婚式を祝った人の名前を忘れてしまったとしても、文章全体の流れはつかめるはずです。

事実の整理の段階においては、中身をすべて追う必要はまったくありません。

まずは、文章全体として、どのようなことが書かれているのか、また、どのような展開になっているのかをざっくりとつかむことを優先します。

「事実」と「解釈」を混同しない

「事実の整理」は国語だけでなく人生全般に役立つスキル

「いきなり読解せずに、まずは事実を整理する」という話は、国語の勉強だけでなく、人生全般においても非常に重要なスキルだと私は考えています。

現在、私は学校の教員として、中学生や高校生に対して授業をしたり進路指導を行ったりしています。時には生徒同士のケンカの仲裁をすることもあります。

ある日、こんな出来事が起こりました。

仲が良いはずのC君とD君が、突然、学校の廊下でケンカを始めたのです。

私が2人に「どうしたの?」と尋ねると、C君は次のように言いました。

「D君が僕のことをからかってきたんです！」

一方のD君は言います。

「そんなことはしていません。僕はC君と遊ぼうとしていただけです！」

私は、2人がそれぞれどうしてそう感じたのかを聞いてみました。

すると、D君がC君を遊びに誘うために肩を叩いたことがわかりました。

D君からすれば、あくまで遊びに誘うための行為だったわけですが、C君は、からかわれているように感じたのです。

この場合の「事実」は、「D君がC君の肩を叩く」という行為です。

この「事実」に対して、C君の解釈は「からかわれた」で、D君の解釈が「遊んでいた」だったというわけです。

これは、私が実際に体験した1つのエピソードにすぎませんが、同じような生徒同士のケンカやトラブルは、教員をやっていると枚挙にいとまがありません。

このようなトラブルを解決するときに毎回私が行っているのが、まさに事実の整理なのです。

1つの事実に対する解釈の違いによってトラブルに発展する、というのは、大人の世界でも変わらないと思います。読解を学ぶと言うと、どうしても解釈の作業にばかり目が向きがちですが、読解において事実を整理するというスキルも、解釈と同じくらいとても重要なのです。

すべての文章には型がある

文章は型を使って書かれている

みなさんは、「シンデレラストーリー」という言葉を聞いたことはあるでしょうか。

誰もが知る童話『シンデレラ』と同じように、「不幸の中にいた主人公が、ひょんなことから幸せになる」というストーリーのことを指します。

他にも、童話『みにくいアヒルの子』では、群れの中で1羽だけ姿形が異なりいじめられていた鳥が、最終的に美しい白鳥へと成長します。

世界的な名作『ハリー・ポッター』（J・K・ローリング、静山社）シリーズも、意地悪な義父や義母から迫害されながら日々を過ごしている主人公のハリーが、じつは魔法を使って悪の魔法使いを倒すことができる血統だったことが判明するというストーリーです。

シンデレラストーリーを知っていれば、「不幸な主人公」を見たときに、「きっと、何かのきっかけで、主人公が幸せになる物語なのだろう」と、推測しながら読むことができます。

このように、**世の中にはたくさんの童話や小説、文学作品などがありますが、じつは、その多くが、ある共通の型に則って文章が書かれている**のです。

現代の文章の型は、ほとんど古典の中にある

さらに、現代の文章の多くは、古典に原型があります。

例えば、千年前の日本にも「シンデレラストーリー」を持つ『落窪物語』（作者不詳）という文学作品が存在します。

『落窪物語』は、美しいヒロインが継母にいじめられながらも、貴公子に見初められて幸せになるという物語です。シンデレラストーリーを理解していれば、たとえ千年前の物語であったとしても、「この落窪の姫は紆余曲折を経ながらも幸せになるんだろうな」と、推測できてしまいます。

世界最古の長編物語文学といわれる『源氏物語』（紫式部）の中には、昨今のラブロマンス小説、または少女漫画の展開がほとんど載っていたりします。

ひと昔前に「ツンデレ（好きな相手に素直になれない人）」というジャンルが流行しましたが、『源

氏物語』に登場する葵上という人物がまさにそのようなキャラクターです。

他に「ヤンデレ（相手のことが好きなあまりに、相手に近づく第三者を憎悪してしまう人）」というジャンルもありますが、『源氏物語』の六条御息所がまさに「ヤンデレ」なキャラクターだと言えます。

現代の作品の大本・源流は、結局、古典作品の中にあるわけです。

漢文についても、同様です。

前述の王様のエピソードも、次のような漢文の定番の1つ、「すごい人の紹介」です。

1　王様（すごい人）がいた。

2　王様（すごい人）が「一見間違っていること」を言った。

3　役人（凡人）が、王様（すごい人）の「一見間違っていること」を否定する、「間違ったこと」を言った。

4　王様（すごい人）が、役人（凡人）の間違ったことを否定する、「素晴らしいこと」を言った。

5　国民が、王様（すごい人）の素晴らしいことに従って何かした。

↓めでたし、めでたし！

具体的に説明しましょう。

最初に、この文章では「とある国に、名君と称えられた王様がいました。」と書かれていました。

この時点で、「王様＝名君」「『王様はすごい！』と言いたい文」だと理解できます。

そのうえで、それを否定している役人という存在を、みなさんはどう捉えますか？

おそらく、「王様＝名君」なら、「役人＝ダメ（言っていることが間違っている）」とわかります。

じつは漢文の文章で、王様や仙人などのすごい人を紹介する場合、このような対立軸となる人物を登場させるのが定番です。きまって、すごい人の行動や言動に対して否定的なことを言う誰かが出てくるのです。

改めて詳しく説明しますが、このような文章の型を対比型と言います。

型を知ると、読解力が一気に上がる

このように、**文章の型を知っていれば、文章を最初から最後まで読まなくても、文章の全体像や書き手の一番言いたいことが推測できるようになります。**

しかも、**古今東西、数え切れないほどの文章が存在しますが、文章の型自体は数えるほどしかない**のです。

「7つの型」に当てはめて文章を読解する

おさえるべき型は7つだけ

では、ここから、具体的に文章の型を紹介し、解説していきます。

文章の型は、左の図の通り、大きく分けて7つです。少なくとも、高校の国語で扱われる文章については、ほぼこの7つの型のいずれかが使われています。

注意点としては、**必ずしも1つの作品につき、1つの型が使われているわけではない**ことです。**作品全体の構成に1つの型が使われている場合もありますが、1つの段落や1つの場面など、部分的に文章の型が使われている場合もあります。**1つの作品の中にたくさんの型が使われている場合もよくあります。さっそく、次項から1つずつ順番に見ていきましょう。

図1-3 文章の7つの型

①同格型	最初に書き手の主張が述べられる。次に、主張の理由や具体的な説明が行われたうえで、最後に、もう一度主張が述べられる。
②質問型	最初に「問い」を立て、文章の中でその問いに対する「答え」を示す。
③対比型	2つ以上の対立する概念や選択肢を最初に紹介したうえで、対立する意見を戦わせる。最終的にどちらがよいか、書き手の主張を明確にする。
④変化型	物事の変化について書かれた文章。変化を「変化前」「変化理由」「変化後」の3つの要素で整理する。
⑤ギャップ型	変化型の派生型。変化型の中でも、変化前と変化後の間にある隔たり（ギャップ）を強調している文章。
⑥葛藤型	対比型の派生型。相反する2つの考え方の中で思い悩む様が描かれる。葛藤が読み手への質問になっていて、結論がない場合が多い。
⑦説話型	なんらかのエピソードを通じて、読み手に教訓を与える文章。教訓の内容の解釈は読者に委ねられる。

「主張」で始まり、「主張」で終わる「同格型」

主張が一貫した文章

まずは、文章の型の〝王様〟とも言うべきものから紹介しましょう。

それは、「同格型」です。

同格型では、最初に書き手の主張が伝えられます。次に、書き手の主張の理由や具体的な説明が行われたうえで、最後にもう一度主張が述べられます。

例えば、左のような文章です。

冒頭で「可愛い子には旅をさせよ」と主張したうえで、何度も言い換えながら、1つの主張を繰り返していることがわかります。

「可愛い子には旅をさせよ」とよく言いますが、それは本当のことだと思います。

親は子供のことを可愛がりすぎてしまい、子供が失敗しそうになると先回りして失敗させないようにしたり、危険なことをさせないようにしたりするということを知らず知らずのうちにやってしまいがちです。

でも、子供を成長させるためには、子供自身が行動し、ときには失敗して痛い目を見たりして、自分の経験として物事を理解していく必要があるのです。

本当に旅をさせる必要はありません。危なっかしいと思っても挑戦させてみたり、子供一人ではうまくいかないかもしれないことを任せてみたり、そういったことをしてみるのです。

子供を可愛いと思うのであれば、その分、その可愛い子供を立派に育てるために、ぜひ挑戦させてみてください！

同格型は、文章だけでなく、スピーチやプレゼンテーションでも多用される型です。最初と最後に同じ主張を述べるので、プレゼンテーションの世界では**「サンドイッチフォーマット」**などとも呼ばれています。

同格型の文章は、**「主張が一貫している文章」**とも言えます。**最初から最後まで同じ話をすることで、自分の言いたいことを読み手により強調している**わけです。

古文に登場する作品としては、『平家物語』（作者不詳）や『方丈記』（鴨長明）、漢文だと『荘子』や『荀子』などが同格型の文章として捉えることができるかもしれません。

次の文章は、『平家物語』の有名な冒頭の書き出しです。

祇園精舎の鐘の声、諸行無常の響きあり。沙羅双樹の花の色、盛者必衰の理をあらはす。おごれる人も久しからず、ただ春の夜の夢のごとし。

（現代語訳）祇園精舎の鐘の音には、「諸行無常」（＝この世のすべては絶えず変化していくものだという意味）の響きが含まれている。沙羅双樹の花の色は、どんなに勢い盛んな者も必ず衰えるという道理を示している。世の中で栄えていて、得意になっている者がいても、その栄華は長く続くものではなく、まるで覚めやすい春の夜の夢のようだ。

物語の冒頭から、「諸行無常（＝どんなに栄華を極めたものでも、必ず終わりが来る）」というメッセージを繰り返しています。そして、平家という栄華を極めた武士団が、どんどん衰退していくストーリーが展開されます。

平家という武士団の物語を通して、「諸行無常」というメッセージが一貫して描かれているのが『平家物語』という作品なのです。

「同格型」の読解のポイント

文章の「中身」にばかり目が向いて、最初と最後の文というのは見落としがちです。

しかし、**同格型の文章の場合、むしろ「中身」を読まずに、最初と最後だけに目を通せば、書き手の一番伝えたいことがつかめてしまう**のです。

同格型は、最初と最後に言いたいことがすべて語られているので、残りの文章は、すべて〝補足〟と言っても過言ではないでしょう。

「問い」に対する答えが「主張」になる「質問型」

「問い」から始まる文章

2つ目は、「質問型」です。7つの型の中で、同格型に次いでよく見られるのがこの質問型です。

質問型は、最初に「問い」を立て、文章の中でその問いに対する「答え」を示す型を指します。

左の文章を見てください。前述の同格型の文章と内容自体は、ほぼ変わりません。

ただ、文章の展開が少し違います。今度は、「『可愛い子には旅をさせよ』と言いますが、それは本当でしょうか?」と、質問の文から始まっています。

そのため、冒頭の文を読んだだけでは、書き手が「可愛い子には旅をさせよ」という主張について正しいと思っているのか、それとも間違っていると思っているのかがわかりません。

「可愛い子には旅をさせよ」と言いますが、それは本当でしょうか？

何かに挑戦することで、痛い思いをしたり、失敗してしまったりすることは、子供にとってあまりよいことだとは思えません。

子供に旅をさせた結果、必ずしもよい結果になるとは限らないのです。

しかし私は、これは正しいのではないかと思っています。

子供が失敗しそうになったときに、介入してその失敗をさせないようにしても、あまりいい結果にはなりませんよね。

子供が成長するためには、子供自身が主体的に行動し、ときには失敗して痛い目を見たりしながら、自分の経験として物事を理解していく必要があるのです。

子供を可愛いと思うのであれば、その分、その可愛い子供を立派に育てるために、ぜひ挑戦させてみてください！

『さおだけ屋はなぜ潰れないのか?』（山田真哉著、光文社）という書名のベストセラーがありますが、このように書名自体が問いになっている場合もあります。

質問型の文章の代表例は、「論文」です。一般的に、論文は「○○は××なのか?」「本当にこれは正しいのか?」などの大テーマを設けて仮説を立てたうえで実験やデータ・参考文献などから答えを考察するので、質問型だと言えます。論文を読むときに、隅から隅まで目を通す人は少数でしょう。まずは概要をざっくり読み、考察とその論拠になっているデータをざっくり読めば、「この論文が何を言いたいのか」は大体わかります。

「質問型」の読解のポイント

論文と同じように、質問型の文章も、最初からすべてをしっかり読み込もうとする必要はありません。**「問い」の「答え」に該当する文を探す**ことがポイントです。

5行目の文を読むと、「しかし私は、これは正しいのではないかと思っています。」と書かれていることから、「『可愛い子には旅をさせよ』と言いますが、それは本当でしょうか?」という問いの答えについて、この書き手は「本当だと思っている」ことがわかります。

次の文章を見てください。

案内人というのは必要なものだと思いますか？　それとも、必要ないと思いますか？

昔、Aさんという人がいて、「あの有名なお寺に、人生で一度は足を運んでみたい！」と言っていたのです。

でも、案内人なしでそのお寺に行った結果、お寺の手前を本堂だと思い込んでしまい、そのまま本堂に行かずに帰ってしまったのです。案内人がいれば、こんなことにはなりませんでしたよね。

「案内人なんていなくていい」と思うかもしれませんが、こういうことも起こりうるのです。

最初の1文が「案内人というのは必要なものだと思いますか？」という質問になっています。そして、その答えをエピソードで回収しています。

古文では『枕草子』（清少納言）、漢文では『論語』（孔子）や『孟子』などが質問型として挙げられるかもしれません。

少し意外に思うかもしれませんが、ミステリー小説も質問型と言えます。ミステリー小説の多くは、探偵役（主人公）が殺人事件の「問い・謎」を解決するという構成です。論文もミステリー小説も、型としては同じ質問型で、**1つの謎の答えを探し求める文章**と言えるのです。

ミステリー小説の場合はあまり好ましくないかもしれませんが、**質問型の文章を読むときには、「答え」を先に把握することで、文章の全体像を簡単につかむことができる**のです。

「2つの意見」を戦わせて1つの答えを出す「対比型」

2つの意見を比較する

3番目の型は、「対比型」です。

対比型では、2つの対立する意見を戦わせます。

世の中には、「人生で大切なのは愛か、それとも金か」という人生のテーマから、「消費税賛成派か、消費税反対派か」という社会問題や、「ソース派か、醤油派か」などの身近なテーマまで対立する意見がたくさんあります。

対比型では、このような2つ以上の対立する概念や選択肢を最初に紹介したうえで、最終的にどちらがよいか、書き手の主張を明確にします。

みなさんが親だとして、子供が失敗しそうなときは、失敗しないように未然に防ぐほうがいいでしょうか？

それとも、黙って見守っているほうがいいのでしょうか？

失敗しそうなのにもかかわらず、黙って見ているのは、一見ひどい親のように思えますよね。

その結果として、子供は痛い思いをしてしまうかもしれません。

しかし、あえて子供に失敗をさせてみるのも、子育てとしては正しいと言えます。

なぜなら、子供がもし痛い思いをしたとしたら、そのほうが失敗から学ぶことができて、自分の経験になるからです。

みなさんが子供を可愛いと思うのであれば、その分、その可愛い子供を立派に育てるために、ぜひ挑戦させてみてください！

前ページの文章では、「子供が失敗しそうなときは、失敗しないように未然に防ぐほうがいい」と「子供が失敗しそうなときは、見守るほうがいい」という2つの意見を対立させています。

対比型では、**対立する意見を最初に述べた後、双方の具体的な説明と例が述べられ、比較した後で主張をする**のです。

一般的に、対比型では、どちらか一方の良さが強調されます。

さきほどの文章も「子供が失敗しそうなときは、見守っているほうがいい」という主張でした。

ただ、まれに「両方とも素晴らしい」などと、どちらの肩も持たずに中立の立場をとる場合や、「きのこの山とたけのこの里の良さの両方を兼ね備えた商品が、アルフォートなのです」などと、**新しい概念や第3の選択肢、2つが融合した提案などが主張されることもあります。**

小説や古典作品で対比型を使う場合は、次のようになります。

あるお寺に、2人の天才的な才能を持つ子供が預けられていた。

1人は、先生の言うことをよく聞き、言われたことはすべて完璧にこなす子。

もう1人は、先生の言うことをまったく聞き入れないものの、自分の頭でしっかり考えて新しい道を開拓する子。さて、2人のうち大成するのはどちらだろうか?

現代風にアレンジするなら、次のようになるでしょう。


金と愛情は、どちらのほうがより尊いものだろうか？

ある男は、結婚で悩んでいた。実家が資産家ではあるものの愛はないA子と結婚するか、それとも、借金があるが愛しているB子と結婚するか。

そのとき、タイムマシンでA子と結婚した未来の自分が現れ、「A子と結婚するな！」と言った。

さらに、タイムマシンでB子と結婚した未来の自分も現れ、「B子とは結婚するな！」と言った。

さて、A子とB子、どちらと結婚するべきだろうか？


この場合、「愛情を選んだほうが幸せになれた。だから、愛情は大事」という結論になる場合もあれば、「A子と結婚しても、B子と結婚しても、結局、どちらも不幸になった。どちらかを選ぶ必要はない」と結論づける場合もあります。もしくは、読者に判断を委ねる終わり方になる場合もあるかもしれません。

「対比型」の読解のポイント

対比型は、2つの対立を通して1つの答えを出すという点では質問型に似ています。

２つの選択肢の間で悩む物語や、対極的な2人の対立を描く物語もあります。山崎豊子の小説『白い巨塔』（新潮社）は、まさに代表例と言えるでしょう。

また、**対比型の1つの特徴として、2つの選択肢が出てきた場合、「一見、間違っていそうな主張」「意外に思われそうな意見」のほうが結論になることがよくあります。**

例えば、「子供が失敗しそうなときは、見守るほうがいい」は、意外な結論と言えます。

少女漫画でも、「クラスの男子にモテる、アイドル的な存在のA子さん」と「クラスでは目立たない存在だが、内面の美しさを持っているB子さん」が物語に登場した場合、後者のほうが幸せな結末になる場合が多いと言えます。

「意外な選択肢」が勝つのも、後ほど改めて説明しますが、よくある「型」の1つなのです。

評論文から物語まで、多くの文章で使われている「対比型」

古文の作品で言うと、『とりかへばや物語』（作者不詳）が、対比型で捉えることができます。

『とりかへばや物語』は、「大納言には、息子と娘の2人の子がいた。2人の顔は瓜ふたつだったが、性格が正反対だった。息子のほうの兄は女性的で、妹は男性的な性格だったのだ。そこで父親は、男を女として、女を男として育てることにした」というストーリーです。

この物語は、「女として生活する兄」と「男として生活する妹」の対比です。この2人の、正反対なのに似ている性質がある、その面白さを描いた作品だと言えます。

他にも、古文の作品では、『讃岐典侍日記』（藤原長子）などが対比型の作品として挙げられそうです。漢文では、『三国志演義』（作者不詳）なども対比型として挙げられるかもしれません。

現代の評論文としては、現代文の教科書に取り上げられることが多い『水の東西』（山崎正和）や『「である」ことと「する」こと』（丸山眞男）などが対比型の文章として捉えることができます。

「変化」を語る文章は3つの視点で整理する

物事の変化を表す文章

4つ目は、「変化型」です。変化型とは、例えば、次のような文章です。


アフリカのサヘル地域は、もともと緑の多い地域でした。

ところが、2000年に入ってから急に、砂漠になってしまいました。

原因は、この地域の人口爆発です。

アフリカでは、急な人口増加に伴い、食糧を供給するという目的から農地の開拓のために過度な伐採をしたり、家畜を過度に放牧したりして、緑がどんどん失われているのです。

変化型とは、物事の変化について書かれた文章の型です。この文章の場合、「砂漠化」という変化について述べられています。**「――化」という言葉は、変化を示すことが多いので、この言葉が文中でキーワードとして使われていた場合、変化型の可能性が高くなります。**

「変化型」の文章の落とし穴

変化について述べられた変化型は、一見、読解が簡単そうに思えます。

しかし、そこが落とし穴なのです。

「砂漠化について答えなさい」という問いに対して「砂漠が増えること」という答えでは不十分です。

なぜなら、「変化後」だけしか述べていないからです。

変化とは、1つの工程で説明できない言葉なのです。

変化には、次の3つの要素が必要です。

変化前　：とあるものが、
変化理由：なんらかの要因によって
変化後　：姿形が大きく変わってしまう。

この3つの要素を明らかにして、はじめて変化について説明したと言えます。

さきほどの3つの要素にしたがって内容を整理すると、次のようになります。

変化前　：もともと緑の多かった地域が、
変化理由：人口爆発によって食糧難になった地域で過伐採・過放牧が行われたことによって、
変化後　：砂漠が増えた。

変化型の文章は、すべて変化前・変化理由・変化後のフォーマットで語られています。

つまり、**変化型の文章を理解するポイントは、この3つの要素を正しく整理すること**なのです。

変化を説明する文章は、じつは世の中にたくさんあります。

例えば、増加は、もともと少なかったものが大きく数を増やすことです。これも変化です。

反対に減少も、もともと多かったものが大きく数を減らすことです。これも変化です。

成功・成立・達成も、もともとうまくいっていなかったものが形になったり、うまくいったりすることです。したがって、これも変化です。

小説や古典でも、この型で描かれている作品は数多くあります。例えば、古文の作品では『竹取物語』（作者不詳）、漢文では『十八史略』（曾先之）などを変化型として見ることができます。

古文では、次のような内容の文章がよく登場します。

ある農民は、面倒臭がりな性格でいつも仕事を怠けてばかりいた。彼は主人の馬の世話をする仕事をしていたが、その日は馬の世話をせずに寝てしまった。

翌朝、馬の様子を見に行くと、主人自ら馬の世話をしていた。

驚いた農民は、「なぜ高貴なあなたがそんなことを」と言った。

すると主人は、「お前が馬の世話をおろそかにしていることが表沙汰になれば、お前が首になってしまうだろう。自分はお前と共にいたいのだ」と、答えた。

この言葉を聞いた農民は涙を流し、それからは馬の世話をしっかりするようになったという。

この文章を変化前、変化理由、変化後の3つに整理すると、次のようになります。

変化前：もともとサボり屋な性格の人物が、

変化理由：主人の言葉を聞いて、

変化後：真面目になった。

「変化型」の読解のポイント

変化型では、「変化前」や「変化理由」が明らかになった段階で、「変化後」が大体予想できます。例えば、漢文では次のようなあらすじの文章がよく登場します。

荒れている村があり、賄賂などが横行してひどい状態だった。そこに、新しく清廉潔白な役人が派遣されることになった。

この後、どんな出来事が発生し、どんな展開になりそうでしょうか?
この文章を3つの要素で整理し、予想してみましょう。

変化前　：荒れている村があって、
変化理由：清廉潔白な役人が来たことで、
変化後　：?

「変化」なので、当然「変化後」は「変化前と反対」の状態になる場合が多くなります。

したがって、「荒れている状態」の反対なので、清廉潔白な役人によって「荒れていない状態」、つまり「平和な状態」になるだろうと予想できます。

このように、型を理解することで、結末を簡単に予想できたり、全体像を瞬時につかむことができたりするようになるのです。

同格型であれば、「最初に書かれている内容（主張）」と「最後に書かれている内容」が同じになると予想できます。

質問型であれば、最初に書かれている問いに対する答えが最後にわかると予想できます。

対比型であれば、最初に書かれている2つの対立が最後に決着すると予想することができるのです（一部、例外もあり）。

ビフォーとアフターのギャップを強調した変化型の派生型

ビフォー・アフターのギャップを強調

5つ目は、変化型の派生である「ギャップ型」です。

変化型の中でも、変化前と変化後の間にある隔たり（ギャップ）を強調している文章のことを指します。

古今東西、面白い話というのは、「ギャップがある物語」だと言えます。

以前、『学年ビリのギャルが1年で偏差値を40上げて慶應大学に現役合格した話』（坪田信貴、KADOKAWA）という書籍がベストセラーになり、映画化されました。また、漫画『ドラゴン桜』（三田紀房、講談社）も大ヒットし、ドラマ化されています。なぜこれらの作品が大きな支持を集めたかというと、勉強ができない、いわゆる〝落ちこぼれ〟の高校生が、東京大学や慶應大学という難関大学に合格するという「ギャップ」があるからです。

「小さな町工場から、世界を揺るがす大発明がつくられた」

「学校で落ちこぼれの状況から、日本で一番の大学に合格した」

このように、変化前と変化後のギャップが大きくなればなるほど、比例して人々が感じる面白さも大きくなっていきます。

ギャップ型の物語の代表例は、前にもお話しした『シンデレラ』です。

『シンデレラ』は、作品名からギャップを演出するしかけがされています。

主人公の女の子の名前である「シンデレラ」は、フランス語で「サンドリヨン（仏：Cendrillon）」、日本語に訳すと「灰かぶり」という意味です。じつは、シンデレラという名前は主人公の本名ではなく、「暖炉の掃除などをして灰をかぶっているような醜い子」という蔑称なのです。そんな苦境に立たされている女の子が、王子様に見初められて最終的に結婚し、王妃になるというストーリーが『シンデレラ』というわけです。

変化というのが、変化前・変化理由・変化後で成り立っていることはお話ししました。変化後だけを強調しても、それは変化を表したことになりません。「主人公が王子様と結婚した」というだけでは、シンデレラの面白さは表現できないのです。「灰をかぶって家族からもいじめられて、身分も低くて嫌われ者だった主人公が、王子様に見初められて結婚した」という話だからこそ、面白さが生まれるわけです。

ギャップ型は、物語以外にも、様々な文章に使われています。

次の文章を見てください。「しかし、カーネル・サンダースという名前は、じつは本名ではないのです。」という1文を入れることで万人の予想を裏切り、読み応えを演出しています。

みなさんは、ケンタッキーフライドチキンの創始者といえば、誰だかわかりますか?

そうですね、カーネル・サンダースです。

しかし、カーネル・サンダースという名前は、じつは本名ではないのです。

彼の本名はハーランド・デーヴィッド・サンダースです。なのに、みんなから「カーネル・サンダース」と呼ばれているのです。

なぜカーネルと呼ばれているのか?

カーネルとは、軍隊の大佐のことを指す言葉です。彼は名誉大佐の称号を得ているので、「サンダース大佐」という意味で「カーネル・サンダース」と呼ばれているわけです。

このように、私たちが知らないだけで、身の回りの至るところに英単語が使われていることがあります。英語の会社名はたくさんありますし、日常生活でも、「ランチのオーダーをしたいからメニューがほしい」などと、いろいろなカタカナ語を使っています。

英語が得意になりたいのであれば、まずは身の回りの英単語から学ぶ必要があるのです。

このような、「多くの人はこう考えているかもしれないが、じつは違う！」という文は、導入でよく使われます。ここで、仮に「カーネルという英単語は、軍隊の大佐のことを指す言葉です。日本では、『カーネル・サンダース』というように使われていますね」というだけの文章だったとしたら、あまり面白味は感じられないでしょう。だからこそ、あえて「みなさんは〜」という一文を挿入してビフォーをつくることで、アフターを強調しているわけです。

「ギャップ型」の読解のポイント

最後に、ギャップ型の文章についてもう1つポイントがあります。

それは、**「ギャップを演出するために、文章は意外性のある展開へ進む場合が多い」**ということです。

さきほど、対比型の説明で「AとBを対比する場合、一見、勝たないと思われるほうが勝つ」という話をしました。多くの人の予想通りに進んでも、文章は面白くありませんよね。予想を裏切る方向に展開するからこそ、ギャップが生まれ、面白くなるということなのです。

相反する2つの考えの間で思い悩む様を描く「葛藤型」

「どちらが正しいか」が明確ではない文章

6つ目は、対比型の派生である「葛藤型」です。**葛藤型の文章では、相反する2つの考え方の中で思い悩む様が描かれます。**次の文章を見てください。

自分はずっと、「長い物には巻かれろ」の精神でやってきた。上司に媚びへつらい、命令は絶対順守、自分の考えなどは捨てて、上司の言う通りに仕事を遂行してきた。そのおかげで、今の地位まで上りつめることができた。

ところが今、上司からの命令で、自分の可愛がっている部下に解雇を言い渡せと言われてしまった。上司の命令は絶対だが、彼は何も悪いことはしておらず、タイミングが噛み合わなかっただけにすぎない。

はたして自分は、今までの信条のまま部下を切るべきか？　それとも、上司に逆らってでも止めるべきなのだろうか？

この文章では、まさに次の2つの相反する考えの狭間でもがき苦しむ様が表されています。

A：上司の言うことには絶対従うべき

B：自分の部下を解雇したくない

ギャップ型と同様、人間は「2つの相反するものが戦っている様」に引きつけられる傾向があります。

そのため、葛藤型の小説・文学作品・古典作品が非常に多いのです。古文に登場する作品では『蜻蛉日記』（藤原道綱母）などが挙げられます。漢文だと、『列子』でしょうか。

「いろいろな要因が考えられ、今後も検討したい」と、結論が1つに定まっていない論文もよくありますが、これも一種の葛藤型と言えます。

善行を勧めて、悪行を懲らしめるという意味の「勧善懲悪」という四字熟語があります。『アンパンマン』（やなせたかし）やアメリカのコミック作品など、善であるヒーローが悪であるヒールを懲らしめる勧善懲悪の作品は、世界中にあります。この場合、対比型と同じように、片方の考え方が正しく、片方が間違っているという、わかりやすい構図になります。

しかし、**葛藤型の場合、「どちらが正しいか」が明確ではありません。**その点が、葛藤型の文章の難しいところであり、面白いところでもあります。

むしろ、現実世界では、どちらが正しいのかわからない場合のほうが多いと言えます。さきほどのヒーローモノの例で言うなら、悪役には悪役なりの考えがある場合です。

「正義の反対は悪ではなく、また別の正義」などとよく言われますが、絶対的な正義などというものは世の中にほとんど存在しません。

「葛藤型」の読解のポイント

では、なぜ対比がわかりにくい葛藤型がわざわざ用いられるかと言うと、**葛藤が「質問」になっているのです。**

つまり、**「上司の言いなりでいいのか？」という質問に対する答えとして、この文章が書かれていると解釈できる**のです。

図 1-4　葛藤型の読み方のポイント

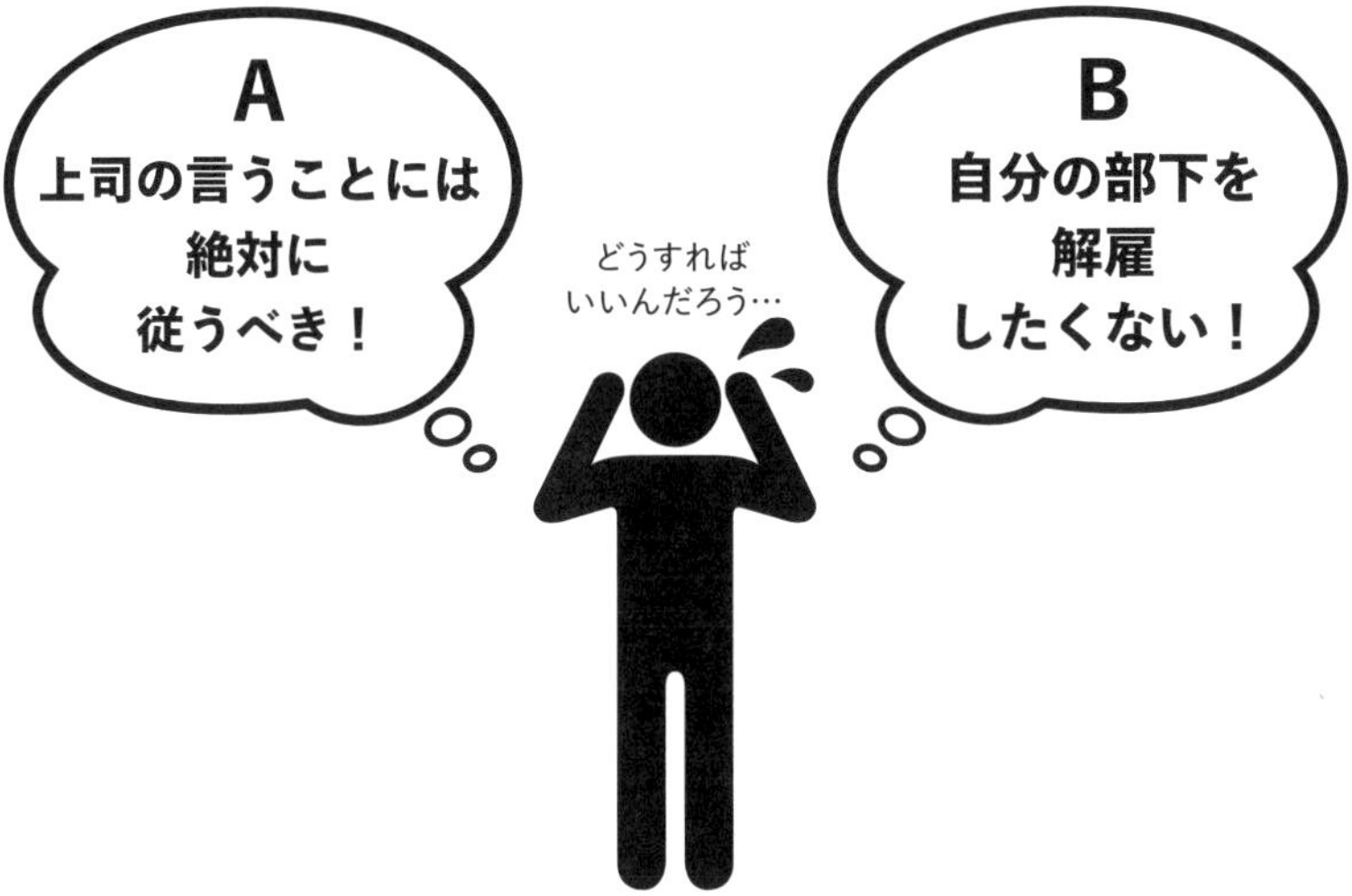

「本当に、自分は上司の言いなりのままで
いいのだろうか？」

↓

相反する２つの考えの間で
生じている葛藤の内容は、
読み手への「質問」**と捉えることができる**

↓

そして、その質問に対する答えとして、
この文章が書かれている**と**
解釈することができる

葛藤型は、対比型の形を取りながら、質問型の要素も多分に含まれていると言えるでしょう。

また、葛藤型の文章の書き手は、必ずしもどちらか一方の正しさを明確にしたいわけではない場合もあります。2つの対立を通じて読者に考えてもらうことが目的であることもあるのです。

そのため、葛藤型では明確な答えがなく、どちらが正しいのかを読み手に委ねる文章もあります。

葛藤型の場合は、**「対比されているもの」を考えたうえで、結論をあえて探さない読み方をする必要がある**と言えるでしょう。

ちなみに、一番ポピュラーな葛藤型の小説・古典作品が、何を隠そう「恋愛モノ」です。

例えば、次のような文章です。


高貴な男が、街で見かけたある女に心惹かれた。女も男のことを好ましく思ったものの、女は身分が低いため、身分違いの恋なんてうまくいかない、と思い悩む。

そんなとき、別の男からも求婚を受けてしまい、女はどちらを選べばよいかわからず、また、どちらを選んだとしても相手を裏切ることになってしまうので、選べなくなってしまう。

結局、女は橋の上から飛び降りて、川で入水自殺を図ってしまった。


これは、『源氏物語』の「浮舟」というエピソードです。

古典作品には、このようなエピソードが数多くあり、その後の文学作品でも同じようなエピソードがシチュエーションを変えてよく使われています。

2つ以上の選択肢の中から、1つを選べず、悩むという、まさに葛藤型の代表的な文章です。『源氏物語』は、作品全体のストーリーとしても葛藤型で読み解くことができます。「天皇であるお父さんの奥さんである藤壺を愛してしまった主人公・光源氏。その光源氏は心の空白を埋めるためにいろんな人と恋をします。でも、やっぱり心にはいつも藤壺への愛があり、ついには一夜の過ちを犯してしまう……」

「愛してはいけない」という理性と、「それでも愛してしまう」という本能の間で揺れ動く様が、この作品の根幹をつくっています。

ちなみに、さきほどの恋愛の文章からもわかる通り、葛藤型の文章は悲劇に終わることもよくあります。葛藤を乗り越えて主人公が成長することもあれば、葛藤に呑まれてうまくいかなくなってしまう場合があるのです。

ハッピーエンドだけが、物語ではないというわけです。

エピソードを通じて読み手に教訓を提示する「説話型」

読み手に考える余地をつくる

最後の7つ目は、「説話型」です。

説話は、広義では「昔の物語」を指す言葉です。

説話の多くは、なんらかのエピソードを通じて読み手に対して教訓を与えます。

ただし、教訓の解釈は読者に委ねられることが多い、という点が読解のポイントです。

説話型は、ここまでで紹介してきた同格型以外の型の一部が欠落している内容と捉えると理解しやすくなります。

次の文章を見てください。

今後、日本はどうなってしまうのであろうか。
２０２２年、子供の数は前年に比べ25万人少ない１４６５万人だ。１９８２年から41年連続の減少で、過去最少となっている。
子供の数が少なく、老人の数ばかりが増えてしまっている日本は、高齢化に伴う地方部の過疎化・年金制度の崩壊など、様々な問題が山積みになってしまっている。

この文章は、「人口の減少」「日本の変化」について語られているので、「変化型」と捉えることができます。しかし、「変化前：今までの日本」と「変化理由：問題がどんどん増えた」については書かれていますが、「変化後」が欠落しています。

《変化型と捉えた場合》
変化前　：今までの日本
変化理由：問題がどんどん増えた
変化後　：→欠落

次に、「今後、日本はどうなってしまうのであろうか」という問いが投げかけられているので「質問型」と捉えてみると、今度は「問いに対する答え」が欠落しています。

《質問型と捉えた場合》
質問：今後、日本はどうなってしまうのだろうか。
答え：↓欠落

このように、**一部分の情報を隠すことで、読者に考える余地を与えている**のが、この説話型の文章の特徴です。

なぜ、一部を欠落させるのか？

書き手の立場に立ってみると、文末を「今後、日本は大変危機的な状態になるだろう」という一文で締めてもよさそうですが、**あえて書かないことによって読者に考える余地を与えている**のです。
また、文章からどんな教訓を得るかは人によって違います。
例えば、次のような文章があったとします。

昔、帝釈天のところにサルとキツネとウサギがいました。

サルとキツネは火をおこして、帝釈天の役に立ちましたが、ウサギは自分にできることがないと憂いて、自分自身を食べてもらおうと火の中へ飛び込み、死んでしまいました。

その働きに感銘を受けた帝釈天は、ウサギの慈悲深い行動をすべての生き物に見せるため、その姿を月の中に映しました。今も、空を見上げたときに見える、月の中にいるウサギは、このときの名残だと言われています。

このエピソードから得られる教訓は、人によって様々でしょう。

この文章を葛藤型と捉えて、「A：帝釈天の役に立てない自分」と「B：帝釈天の何かしらの役に立ちたい自分」という2つの間でウサギが葛藤している、と考えることもできます。

「A：帝釈天の役に立つサルとキツネ」と「B：帝釈天の役に立たないウサギ」の対比型だと捉えて、「帝釈天の役に立ったほうが勝った」、または、「帝釈天の役に立たなくても滅私奉公するウサギが勝った」と、考えることもできます。

文学作品としては、芥川龍之介作の『羅生門』が説話型として挙げられます。

生きるため、死人の髪をむしり取っていた老婆に、主人公である下人は次のように言います。

「では、己が引剝をしようと恨むまいな。己もそうしなければ、饑死をする体なのだ。」

そして、老婆の身包みを剝がし、最後は次の一文で終わるのです。

「下人の行方は、誰も知らない」

「このさき、下人はうまくいかなかった」とも、「下人は幸せに暮らした」とも書いていません。ハッピーエンドなのか、はたまたバッドエンドなのか、「追い剝ぎをしてはいけない」という教訓なのか、「生きるためには必死になってもいい」という教訓なのか、答えが出ていません。

「下人の行方は、誰も知らない」という一文で最後を締めることにより、読者に想像の余地を残すストーリーが、説話型だと言えます。

古文に登場する作品としては、『今昔物語集』（作者不詳）や『宇治拾遺物語』（編著者不詳）、『徒然草』（吉田兼好）などが説話型として挙げられます。漢文では、『蒙求』（李瀚）が説話型の作品として挙げられるでしょう。

「説話型」の読解のポイント

ここまで見てきた通り、**説話型は「解釈が自由」**であることも大きな特徴です。

あえて結論を書かないことによって、読み手になんらかのメッセージを届けようとしているのです。

したがって、**説話型の文章では、まずは「隠されたメッセージ」を考える**ことがポイントになります。

説話型で使われている文章の型は、ほとんどの場合、同格型以外の5つの型のどれかです。

隠された一部を自分で補う必要がありますが、型を理解していれば、このような「型破り」にもしっかり対応できます。

質問型で一部が隠されている場合、問いだけが投げかけられているので、問いの答えを探します。

変化型の場合は、「変化前」だけが書かれているので、「変化後」を探す必要があります。

対比型と葛藤型の場合は、どちらが勝ったのか、または、どういう対立軸だったのかを考えることで、隠されたメッセージを見つけることができます。

また、ハッピーエンドかバッドエンドか、人によって解釈が分かれる作品というのもあります。例えば、小説なら伊藤計劃の『ハーモニー』(早川書房)、アニメでは『新世紀エヴァンゲリオン』、漫画では高橋しんの『最終兵器彼女』(小学館)などが当てはまるでしょう。

結論を隠す手法は、読者を引き込むために非常に有効な手段なのです。

第2章

語彙力

読解のために語彙力を伸ばす

なぜ、語彙力を伸ばさなければならないのか?

「読解」の次は、「語彙力」についてです。

学生時代、国語の授業で漢字の書き取りの宿題が出され、漢字を書いて覚える作業を繰り返しながら、「こんなことになんの意味があるのだろう?」と、不満を抱いた人は多いと思います。

なぜなら、現在の私たちの日常生活において、自分の名前を書く以外に漢字の書き取りを求められる場面なんてほとんどないからです。

パソコンやスマートフォンの普及によって、文章を手書きする機会が激減したうえに、たとえ漢字がわからなかったとしてもスマートフォンやタブレットで簡単に調べられます。

しかも、中学や高校の国語の授業では、漢字よりも必要性を感じられない古文単語や、漢文の言葉まで登場し、学ぶ意欲が湧かないまま、仕方なく勉強したという人が多いのではないでしょうか。

このような現状は、多くの国語教師たちが、きちんと学ぶ理由を学生に説明できていないことの1つの弊害だと言ってもよいのではないかと私は考えています。

そこで、まずは、「そもそも、これらの言葉をなぜ学ばなければならないのか？」という疑問に対して、みなさんに説明をしたいと思います。

なぜ、言葉を学ぶ必要があるのか？　それは、**読解力の向上に、語彙力が欠かせない**からです。

例えば、次の文章の正しい意味はAとBのどちらでしょうか？

「山田くんのプレゼンは、卑近な例を使っていた。」

A　あまり良くない例を使っていた。

B　すごく良い例を使っていた。

ポイントは、「卑近」という言葉です。

「卑しい＝いやしい」という漢字が使われているために、卑近についてマイナスなイメージを抱く人が多いかもしれません。ところが、卑近は「身近で、ありふれていて、高尚なものでないからこそわかりやすいこと」を指す、じつは肯定的な言葉なのです。

したがって、さきほどの文章は、「あまりに身近すぎてあまり良くない例だった」というマイナスの意味ではなく、「身近だからこそわかりやすい例を使っていた」と、相手を褒める内容です。

このように、言葉を知っているか否かで、解釈が180度変わってしまう場合が多々あります。

もう1つ例を出しましょう。

次の文章の解釈として、AとBのどちらが正しいでしょうか?

「佐藤氏の政策は恣意的な要素が含まれている。」

A　著者は、佐藤氏の政策を肯定している。

B　著者は、佐藤氏の政策を否定している。

この文章のポイントは、「恣意的」という言葉です。

漢文でも、「恣」を「ほしいまま」と読むように、恣意的とは、「わがままで、自分本位に物事を決める」ことを指します。

マイナスなニュアンスが含まれているので、「恣意的である」という指摘は、相手を否定していることを意味します。したがって、答えはBです。

では、「佐藤氏の政策は示唆的な要素が含まれている」という文の場合、AとBのどちらの解釈が正解になるでしょうか？

正解は、Aです。示唆的とは、「直接的ではないけれど、間接的に何かの手がかりを提供している、何かの気づきを与えてくれる」ことを指します。したがって、「何かを教えてくれる」という意味で、肯定的なニュアンスになるのです。

第1章でもお話しした通り、読解とは、書き手が何を考えているのかを読み解く作業です。**1つの言葉だけで書き手の意図がつかめることもあれば、反対に、言葉1つで逆の解釈をしてしまうことだってある**のです。

以前、私の教え子が留学先でアメリカ人の友人に対して「あなたはナイーブだな」と言って、怒られてしまったことがありました。その教え子は「ナイーブ」という言葉を「繊細で、素朴な性格の人」という意味で理解していたので褒める意図で使ったのですが、じつは、英語の「naive」は、「世間知らずな、お馬鹿な人」という意味なのです。

1つの言葉を選び間違えるだけで、相手を怒らせたり、解釈が真逆になったりすることは、往々にしてあることなのです。

「初見の語句」は漢字から意味を推測する

漢字の知識は「手がかり」になる

前項でもお話しした通り、現在、日常生活で漢字の書き取りが求められる場面は激減しています。

そのため、漢字の書き取りは、時代に逆行した、無駄な勉強だと考えている人も多いようです。

しかし、私は漢字の勉強を強くオススメします。

なぜなら、漢字の勉強は、語彙力を上げるのに非常に優れた勉強法だからです。漢字の勉強に取り組むと、**漢字の知識を手がかりに、難しい語彙の意味をおおまかに理解できるようになる**のです。

もし、「交易」という言葉を知らなかったとしても、多くの人は正しい意味がなんとなくわかるはずです。なぜなら、「交」は「交流」や「交際」などに使われていることから、「何かを交換するということだろう」と類推できるからです。同じように、「推断」は「推測して決断する」、「格式」は「格調高い形式」と考えれば、おおむね意味が通ります。

漢字の知識不足が、時に読解の命取りに

反対に、漢字の意味を知らないことが原因で、本来の意味とは逆の解釈をしてしまうことがあります。例えば、次の文章の解釈として、AとBのどちらが正しいでしょうか?

「この資源は世界に偏在しているため、私は、値段の調整を国家間のレベルで行うべきであると考える。」

A　資源が広くいろいろなところに存在しているので、価格調整が必要になる。

B　資源が存在しているところが限られているので、価格調整が必要になる。

この文のポイントは、偏在という言葉です。

偏在と同じ読み方の言葉に、遍在があります。まず、偏在は、「偏り（かたより）」という漢字が使われていることから「特定の地域に偏って存在していること」を指します。そして「遍在」は、「遍く

（あまねく）」という漢字が使われていることから「いろいろな場所に広く存在していること」を指します。つまり、「世界に偏在している」は、資源が偏って存在している（＝資源が存在しているところが限られている）ということになります。したがって、Bが正解になります。

このように、「へん」という漢字1文字の違いだけで、意味が真逆になってしまうのです。

「漢文の知識」を活用して意味を推測する

漢文の知識も、初見の語句の意味を推測するときに役立ちます。

例えば、「所感」という言葉があります。「所感」以外にも、「所見《しょけん》」「所得《しょとく》」「所持《しょじ》」など、「所」が上に付く言葉はたくさんあります。これらは、漢文で習う「〜所」という言葉を知っていると、意味を推測しやすくなるのです。

「所」なので「場所」を指す、と思いがちですが誤りです。じつは「所」は、「場所」を指すだけでなく、その下の「動詞」を「名詞化」する言葉なのです。

漢文で「所見」は「見る所」、「所得」は「得る所」、「所持」は「持つ所」と読みます。意味は「所見」は「見て考えたこと」、「所得」は「得たもの」、「所持」は「持つこと」となります。そして、「所感」の意味は「心に感じたこと」になります。辞書で調べると、「所化」「所懐」「所帰」「所思」など「所」のつく熟語が他にもたくさん出てくるのでぜひチェックしてみてください。

「古文単語」が現代の言葉の意味を教えてくれる

古文単語の勉強も語彙力アップにつながる

漢字の勉強だけでなく、古文単語の勉強も、語彙力を上げることに役立ちます。
例えば、上司から仕事中に次のように言われたとします。

「最近、仕事がせわしないな。」

このとき、上司は何が言いたいのでしょうか？
「もしかして、上司は、自分に今まで休みすぎだって言いたいのだろうか？」「それとも、ミスが多くなっているから、もっと1つひとつの仕事を丁寧にやれ、と言いたいのかな?」などと、いろいろと推測できます。

自分を怒りたいのか、反対に褒めたいのか。はたまた心配してくれているのか。それとも、まったく別の意図があるのか――。

これまで何度もお伝えしている通り、読解で重要なのは、**相手の「意図」を読む**ことです。

「相手の意図」がわからないと、全体像がつかめず、読解の〝迷子〟になってしまいます。

逆に、相手の意図さえわかれば、文章の理解が一気に容易になります。

この場合における「上司が言いたいこと」を理解するには、「せわしない」という言葉の意味を考える必要があります。

「せわしない」を漢字で書くと、「忙しない」です。

「せわし」は古文単語の「あわただしい」という状態を意味する「せわし」からきています。

「せわし」に「ない」が付いて、「せわしない」です。

「『あわただしい』の否定なので、『あわただしくない』という意味かな」と思う人が多いかもしれませんが、ここが落とし穴です。

「せわしない」=「忙しない」=「いそがしくない」と解釈してしまうと、本来の意味とは真逆になってしまうのです。

「ない」という言葉は、否定の意味だけではありません。

例えば、「あどけない」「せつない」「はしたない」などの言葉にも「ない」が付いていますが、「あどけ」がないわけでも、「せつ」がないわけでも、「はした」がないわけでもありません。

この「ない」は、形容詞を強調する接尾語なのです。

古文単語に、「困る・つらい・やりきれない」という意味の「せつなし」という言葉があります。**古文単語で形容詞を強調する接尾語の「なし」が、現代では「ない」に形を変えて生き残っている**のです。

この「ない」の意味がわかれば、「せわしない」という言葉の正しい意味が導き出せます。「忙し」の強調なので、**「忙しくしすぎている」**です。

実際に辞書で「せわしない」という言葉を調べてみると、「動作があくせくとしている様、忙しくしている様」と出てきます。

したがって、**上司は、「忙しく仕事をしすぎなので、もっと丁寧に仕事をするべき」と、部下に提案しているると解釈できる**のです。

いかがでしょうか?

現代の言葉の読解においても、古文単語の知識が大いに役立つことがおわかりいただけたと思います。

「漢文の知識」で現代の文章を読解する

読解につながる語彙力③

「空発注」の「空」の意味は？

漢文の語彙の知識も、読解に大いに役立ちます。

そう言われても、ピンとこない人が多いと思いますので、具体例を交えて説明しましょう。

ある日、あなたが会社に出社すると、上司が重苦しい空気に包まれていることに気づきます。

そこで、あなたが「どうしたのですか？」と聞くと、上司は次のように言いました。


「キミの同僚のAが、空発注をしていたんだよ……」

さて、なぜ上司は重苦しい空気だったのでしょうか？

「Aが間違った注文をしてしまい、会社に損害が出てしまったから」

「Aが発注するのを忘れてしまい、問題が発生してしまったから」

このような理由を思い浮かべた人が多いかもしれませんが、この解釈は両方とも間違っています。

正解は、「Aが犯罪行為に手を染めていたから」です。

漢文がわかれば「空発注」の意味が正しく理解できる

この問いに正解するためには、「空発注」という言葉を正しく理解している必要があります。

カギになるのは、空発注の「空」です。

漢文の知識があると、この「空」の意味がすぐにわかります。

漢文において、「空」という言葉は3つの意味で捉えます。

1つ目は、「青空」「夏空」など、天気の様子を表す「空」です。英語では「sky」です。

2つ目は、「空洞」「空白」など、何もない状態を表す「空」です。英語では「vacant」です。

そして、3つ目の意味が、「嘘」です。「嘘」という意味で「空」が使われている言葉としては、「空耳」や「空言」などがあります。

「空耳」は、「何も聞こえないこと」という意味ではありません。「本当はそうでないけれど、間違ってそう聞こえてしまう現象」を指す言葉です。

「空言」は、現代でも使いますが、漢文のほうがより目にする言葉です。

これは、**「間違っていること、嘘や偽りの言葉」**を指します。

「空発注」の「空」は3つ目の意味で、**「架空の発注や、事実に基づかない虚偽の発注」**を指す言葉なのです。したがって、同僚のAは、意図的に虚偽の発注をしていたり、発注した物品の数を実態より多く、または少なく申告したりしていたということになります。

Aが「空発注」＝「架空発注」という名前の犯罪行為に手を染めていたために、上司は重苦しい空気に包まれていたというわけです。

他にも、漢文の知識が役立つ言葉に「奇特」があります。

文化庁が行っている「国語に関する世論調査」によると、「奇特」の意味を「奇妙で珍しいこと」と答えた人が3割近くもいたということです。

漢文では、「奇」や「異」、「珍」などは、「他とは違う」という意味から「優れている」という意味に派生した漢字であることを習います。

したがって、「奇特な人」という表現は、「奇妙で珍しい人」ではなく、「特に優れている人」という意味の誉め言葉なのです。

このように、漢文で使われる言葉の使い方は、現代の言葉とも密接につながっているのです。

日本語の語彙力が伸びると英語力も伸びる

日本語の語彙力が英文の和訳で活きる

日本語の語彙力が伸びると、英語の文章もより深く理解できるようになります。

例えば、durableという英単語があります。２０１３年の東大入試で、「蜘蛛の巣というのはとても『durable』だ」という英文が出題され、durableの訳し方が問われました。

durableという単語は、「dure（耐える）」ことが「able（できる）」と分解できるので、「構造的に強く、丈夫で、簡単には壊れず、永続性があること」という意味になります。

ただ、この和訳では問題の答えの文として長すぎるので、よりシンプルにする必要があります。たんに「強い」だけでは、シンプルすぎます。

「強固」にすると、蜘蛛の糸が「固い」ということになり、イメージと合いません。

答えは、「強靭《きょうじん》」です。この漢字2文字で、「構造的に強く、丈夫で、簡単には壊れず、永続性があること」が示せます。「強靭」の「強」は、「強い」の「強」とは少しニュアンスが異なります。「強か」と書いて「したたか」と読む、「耐久性がある」ことを指す「強」です。

樹木の中では、竹のイメージでしょうか。他の樹木はただ強くて硬く、力を入れればすぐに折れてしまいます。ところが、竹は強くも硬くもないけれど、しなやかな分だけ折れにくいのです。まさに、「durable」のイメージとぴったりです。このように、「強さ」と「強かさ」の違いを認識していれば、「durable」がより理解できるようになります。

他にも、「be willing to do」という英語の表現があります。これは、「進んで何かをする」というように訳す場合が多いです。「I would be willing to help you do that.（わたしはあなたのことを、手伝ってあげてもいいよ。）」というように使われます。

以前、この英文の訳し方について、私の友人の英語の先生が困っていたことがありました。「進んで何かをする、と訳す場合が多いけれど、じつはbe willing to doは『進んで』という感じではなくて、『頼まれたらやるけど、頼まれるまではやらない』というような、どちらかというと受け身の意味なんです。もちろん、やる気に満ち溢れてはいるけれど、積極的にやろう、という伝え方ではない。どちらかというと、『〇〇してあげてもいいよ』というような。日本語で訳そうと思うと意外に難しくて、生徒になかなか伝えられないんですよ」

このとき、私は「それだったら、ぴったりな表現がありますよ。**『やぶさかではない』**です」と言いました。

「やぶさかではない」は、「吝かではない」と書きます。これは、「仕方なく～する」という意味だと勘違いしている人が多いのですが、じつは少しニュアンスが違います。

「こうしてくださるのであれば、今回の案件について、弊社はやぶさかではありません」というように、「頼まれたら、積極的に協力したい」「何かをする努力を惜しまない」という意味になります。まさに、be willing to do の「受け身ではあるけれど、積極性を示している言葉」として適切なのです。

このように、他の言語の勉強のときにも、国語の語彙の力は発揮されます。よく、「母国語以上に、外国語の知識はつかない」と言われますが、まさにその通りで、母国語の語彙で正しく理解できないうちは、外国語も深く理解することなんてできないわけです。

私も多くの受験生たちを教えていますが、英語の成績が伸び悩んでいる生徒は、たいていの場合、「日本語ができていない」ことが原因です。特に、偏差値60以上を目指している生徒だと、国語力の壁によって英語の成績が伸び悩むケースが極めて多いのです。

本書は国語をテーマにしているのでほとんど取り上げていませんが、「現代文、古文、漢文、英語は同時に学べ！」というメッセージをみなさんにお伝えしたいというのが私の本心です。

現代文の読解のキーワードになりやすい「○○的」

その言葉、正しい意味を本当に理解できていますか?

「自分には、語彙力がある」

「日本語の語彙なんて、わざわざ勉強する必要はない」

ここまで読んだ人の中には、このように思っている人がいるかもしれません。

実際、多くの人が、日本語に関して〝わかった気〟になりがちです。

英語と違い、国語は、母国語の日本語がベースになっている科目なので、どんなに難しい単語が使われていたとしても、なんとなく読めた気になってしまうのです。

例えば、多くの人が「普遍的」という言葉を聞いたことがあると思います。

しかし、意外と間違って理解している人が多い印象を受けます。

「普遍的」は、「普通」「ありふれていること」を指すだけの言葉ではありません。「いつでも、どこでも、誰にでも当てはまるようなこと」を指します。

「これは普遍的に正しい」と言ったら、たんに「正しい」だけでなく、「歴史的にも、国の違いも超えて正しい」という意味になります。

「普遍的」の反対の言葉が、「特殊」「特別」です。

「これは普遍的に正しい」と書かれている文章は、書き手が「いろいろな障害を超えて、絶対に正しい」と、自信を持って言っているというニュアンスが含まれているのです。

この「普遍的」のように、現代文では、「○○的」という語句が読解の成否を左右する重要語の場合がよくあります。大学入試でも、「この○○的の○○には何が入るかを答えなさい」という問題をよく見かけます。

そこで私がオススメするのは、まずは「○○的」という言葉を重点的に学ぶ勉強法です。

巻末の特別付録の181ページに、「○○的」という言葉を中心に重要語に関する問題をいくつか用意しましたので、ぜひ解いてみてください。

なぜ、日本語には「類義語」が多いのか？

「言い換え」が多い日本語の文章

重要語の次は、類義語の勉強をオススメします。

例えば、「他に例がないほど素晴らしいこと／他に例がないほど大変なこと」を指す言葉として、「類い稀れ」があります。

「類い」は「他の例」のことを指します。

そして、「他の例」がないほど珍しいことから「稀れ」を後ろに付けて、「類い稀れ」です。

この「類い稀れ」と同じ意味の言葉が、なんと日本語には10以上もあります。

まず、四字熟語では、「前代未聞」と「空前絶後」です。

「前代未聞」は、文字通りに解釈すると「前に聞いたことがない」という意味ですし、「空前絶後」は「前に何もなくて（空《むな》し）、後ろにも何もない」ことなので、同じような成り立ちであることがわかります。

また、「空前」だけでも1つの言葉として成立します。

他に、「未曾有」という言葉もあります。例としては「未曾有の大災害」が挙げられます。

「不世出」は、「不世出の大天才」というように、おもに頭が良い人に対しての褒め言葉として使います。出来事だけでなく、人の評価などに対して使う場合は、「随一」「唯一」などの表現があり、「唯一無二」がよく使われます。「異才」や「抜きん出る」などと言うこともあります。

類い稀れ、前代未聞、空前、空前絶後、未曾有、不世出、随一、唯一、唯一無二、異才、抜きん出るなど、「他に例がないほど素晴らしいこと／他に例がないほど大変なこと」が日本語で数多く表現されているのです。

なぜ、日本語にはこれほどまでに同じ意味の言葉がたくさん存在するのでしょうか？

じつは、古文や漢文には、類義語はそれほどありません。この1000〜2000年の間で、日本人は「同じ意味の違う言葉」をたくさんつくり出したのです。

理由は、多くの文章がつくられるようになったからだと私は考えています。

同じ言葉が何度も出てくる文章は、少し幼稚な印象を受けてしまいます。

「すごい」を繰り返している文章では、なかなかそのすごさが読み手に伝わりにくいと思います。

それよりも、「この人は不世出の大天才で、功績は唯一無二であり、発言は前代未聞、才能は、当時としては類い稀れだった」などと言われたほうが、すごさが伝わりやすいでしょう。

ちなみに、清少納言の書いた『枕草子』では、「をかし」という言葉が多用されています。「をかし」は、今でいうところの「エモい」「すごい」みたいな意味の言葉であり、「興味を引かれる」というような言葉です。これを指して、「をかしの文学」などと言われています。

『枕草子』の中では、なんと400回以上も「をかし」という言葉が使われているのです。

この「をかし」を表現する言葉が、現在では無数に存在しています。

現代には、『枕草子』ほど同じ言葉が何度も登場する文学作品はほとんどないでしょう。

つまり、**現代の文章は、古文や漢文とは比べ物にならないほど、同じ意味の言葉が言い換えられているのです。したがって、現代文を読むときは、「言い換え」を意識する必要があります。**

文章の途中から話の流れがわからなくなった経験がある人は、「言い換え」に原因がある場合が多いのです。多くの文章で使われる「言い換え」のパターンを理解しておけば、文章を読んでも「途中から話題が追えなくなる」という現象は少なくなります。

そこで、巻末の特別付録の192ページに最低限覚えておきたい「類義語が多い単語」を紹介していますのでぜひ参考にしてみてください。

「部首」や「漢文の意味」から漢字を理解する

語彙力を伸ばす2つの漢字勉強法

前に、漢字の勉強の重要性についてお話ししました。

ここでは、私のオススメの漢字勉強法を2つ紹介したいと思います。

1つ目は、**部首を理解する方法**です。

人偏や糸偏、手偏など、部首の違いによって、言葉の意味が大きく異なる漢字が多くあります。

要は、**部首の役割から漢字の理解を深める**のです。

例えば、「てつや」と「てっきょ」は、「徹」と「撤」のどちらの漢字が正しいのか迷いがちです。

「イ（ぎょうにんべん）」は、「行人偏」の「行」という字からもイメージがわかるように「少しずつ歩む」という意味です。

「扌（てへん）」は、「手偏」の「手」という字からもわかるように、「手」の意味です。

したがって、「てつや」は「夜をずっと《行く》」イメージなので「徹夜」、「てっきょ」は、「《手》で取り去る」イメージなので「撤去」です。

2つ目は、**漢文で使われていたときの意味を理解する方法**です。

さきほどお話しした通り、昔の言葉のほうが、意味が広く、より本質的である場合がよくあります。

例えば、「具」は、漢文では「具に＝つぶさに」と読み、くわしいことを指します。現在、「具」は具体的や具現、具象などの熟語に使われています。すべて物事をくわしくするというイメージが根本にあるというわけです。

そこで、巻末の特別付録の194ページで、この2つの観点を踏まえて漢字を紹介しているのでぜひ参考にしてみてください。

第2章 語彙力

「古文単語」と「現代の言葉」の"つながり"から学ぶ

語彙力を伸ばす勉強法④

「あやしい」という言葉の裏に隠されたニュアンス

最後は、古文単語です。

古文単語も、私たちの日常生活に大きな影響を与えています。

例えば、「あやしい人物が近辺を歩いていた」というように、現代語に「あやしい」という言葉があります。

この**「あやしい」は古くからある言葉で、昔のほうが様々な意味を持っていました。**

古文単語の「あやし」は、現代にも残っている「不思議だ」「変だ」という意味の他に、「身分が低い」「卑しい」「みすぼらしい」「みっともない」「見苦しい」といった意味もあります。

これは、**「あやし」という言葉の根本に「わけのわからないもの」「理解しがたいもの」というイメージがある**からだと考えられます。

かつて、文字を使うことができた高貴な人たちにとって、身分が低い人たちは、理解できない、何をするかわからない「あやし」な人物だったというわけです。

ちなみに、古文単語の「あやし」には、「奇し」「怪し」「異し」「賤し」の4種類の漢字があります。現在は「怪し」に統合されています。

どの「あやし」も、「理解できないもの」を指す言葉であるため、現代で「怪」という漢字が入っている「怪獣」「怪人」「怪異」「怪物」などの言葉の背景には、**「自分たちが理解できないような**獣・奇人」といったニュアンスが見え隠れしているのです。

このように、古文単語の「あやし」を学んでおくと、現代の「怪しい」の根本には「理解できない」というニュアンスも含まれていることに気づくことができるのです。

「心」が付く単語が多い理由

他にも、現代の言葉をより深く理解できる古文単語の代表に、「心＝こころ」があります。

現在、心は様々な単語に使われています。

「心の中では、こう思っています」というように「本心」を意味する場合もあれば、「僕には俳句の心得がありますというように「何かに精通していること」、「心を込めておもてなしをします」というように「気遣い」を意味する場合もあります。

現代語の心と同様、古文単語にも「こころ○○」という言葉がたくさんあるのです。「こころにくし」「こころあり」「こころづきなし」「こころう」「こころおとり」「こころまさり」「こころぐるし」「こころゆく」「こころもとなし」「こころとどむ」など、たくさん存在します。

これらの「こころ」系の言葉が形を変えて現在に残っているために、現代の「心」がややこしいほどたくさんの意味を持っているわけです。

ただ、現代の「心」が付く言葉は、心情を表わすものが中心ですが、古文の世界では、「頭」で行う「思考」も「こころ」という言葉で表します。

巻末付録の200ページでは、「こころ」が付いている古文単語を中心に現代との言葉のつながりについて紹介しているので、ぜひ参考にしてみてください。

第3章

文法

文法は読解の「大きな武器」になる

なぜ、文法を学ぶ必要があるのか？

最終章は、文法です。

英語の場合、多くの人が主語や述語、副詞などを意識しながら学習すると思います。

しかし、母国語である日本語の場合は、わざわざ文法を意識しなくても不自由なく使いこなせてしまいます。

そのため、日本語を読むときに文法を意識するのが面倒に感じる人が多いと思います。

しかし、文法の知識は、読解にとても役立ちます。

なぜなら、**「文法＝著者の言いたいこと・文の論理的関係を示すもの」**だからです。

次の文を見てください。

解釈として正しいのは、AとBのどちらでしょうか？


「今朝、私はカレーライスまでも食べてきた。」

A　カレーライスを食べたことを伝えたい。
B　多くのものを食べたことを伝えたい。

正解は、Bです。

「文中に、カレーライス以外のものを食べたなんて、ひと言も書かれていないけど……」と疑問を抱いた人が多いかもしれません。

たしかに、その通りです。

Bが正解であると導き出すためには、文法の知識が必要になります。

「までも」は、古文では「さへ」という言葉で示されます。「さへ」は**「それ以外のことがあったうえで、何かを付け加えるように使う言葉」**で、添加の助詞です。

したがって、「カレーライス以外のものも食べたうえで、さらにカレーライスも食べた」という意味であることが、「までも」という言葉1つからわかるのです。

文法を学べば学ぶほど、読解力が強化される

では、次の文章の解釈として正しいのはAとBのどちらでしょうか？

「キミに対して、より興味が湧いたよ。」

A　キミに興味が湧いた。

B　以前からキミに興味があって、今、より一層強く興味を持つようになった。

少女漫画の中の男の子がヒロインに向けて言ったセリフのようですね。

正解は、Bです。

AとBの文を見比べると、Bの情報量のほうが圧倒的に多くなっています。これは**「より」という言葉から得られる情報**です。

「より」とは、**「より一層」**という意味です。古文では「いとど」などと表現されます。元から存在したものが強化されるというニュアンスになるので、Bになるわけです。

他に「やはり」「なるほど、その通り」という言葉も、「より一層」と同じような使い方をします。自分が前に考えていた（言っていた）通りになったときに、「やっぱりね」、「なるほどその通り」と、言いますよね。つまり、その前の内容と「イコール関係」にあります。

「やはり」「なるほど」と同じ意味を持つ言葉として、古文では「なほ（やはり）」、「さればよ・さればこそ（やっぱりね）」、「げに（なるほど、その通り）」、漢文では「果たして（思った通り）」などがあります。

このように、**「言外の論理的関係を示すもの」である文法を理解することで、読解力が大きく向上する**のです。

そして、現在使われている文法の多くが、古文や漢文と密接な関係があります。

次項から、もう少し深く掘り下げていきましょう。

古典文法が教えてくれる「キミは小学生ですか」の意味

古典文法の知識を使って、現代の文を読解する

現代の文法だけでなく、古典文法の知識も、現代の文の読解に役立ちます。
次の文を見てください。

キミは小学生ですか。

この文の解釈は、２つ考えられます。
１つは、目の前にいる子供に向けた「質問」です。

もう1つは、学校の掃除の時間中に、さぼって遊んでいる中学生の生徒に対して、先生が「キミは小学生か！」と怒っている場面におけるセリフです。

（解釈1）相手が小学生かどうかを問う、「疑問」の表現

（解釈2）「キミは小学生か、そうじゃないだろう。それなのに、なぜ小学生のようなことをやっているんだ！」と怒っている、「反語」の表現

反語は、古文や漢文によく登場する最重要文法です。

漢文では、**「何ぞ（なんぞ）」「寧ぞ（いづくんぞ）」**という漢字を使って、「どうして行かないんですか、いや行くべきだ！」などと表現したりします。

世界史の中では、陳勝《ちんしょう》と呉広《ごこう》が反乱を起こしたときに「王侯将相寧有種乎［王侯将相寧ぞ種あらんや］」と言ったというエピソードがあります。

さきほどの「キミは小学生ですか」という文の場合、この発言をした先生だって、目の前の生徒が小学生ではないことなんてわかりきっています。したがって、相手が小学生かどうかを問う「疑問」の意味ではないということです。

そのうえで、先生がこのセリフを用いているということは、「キミは小学生ですか」というセリフを

通じて、「キミは小学生ではないだろう！」ということが言いたいわけです。

「キミは小学生ではないだろう！」＞「キミは小学生か？」

「疑問」と「反語」の違い

「疑問と反語って形が同じで見分けがつかないので、自分では使い分けられそうにない……」と、不安に思う人がいるかもしれませんが、けっして難しくはありません。

要は、**「疑問」の強い表現が「反語」**だと考えればよいのです。

例えば、「どうして行かないんですか？」という発言であれば、相手に行かない理由を純粋に尋ねていると捉えることができます。

しかし、「えっ！　どうして行かないんですか⁉」という発言であれば、「なんで？」という理由を尋ねる疑問ではなく、反語の表現として、「行ったほうがいいですよ！」というメッセージを相手に伝えているとわかるでしょう。

古文単語に、「いかでか」という表現があります。

疑問の意味の副詞である「いかで」の後ろに、疑問の意味の係助詞の「か」が付いています。

要は、「疑問」と「疑問」が重なり、「疑問」を強めたということです。

これは、「いかでか知らん（＝どうしてわかるだろうか。いやわからないに違いない）」のように使われる「反語」になります。

「疑問」の強い表現が「反語」になるという理解であれば、使い分けもシンプルですし、わざわざ文法を丸暗記する必要はなくなります。

ちなみに、「王侯将相寧ぞ種あらんや」を現代語訳すると、「王や諸侯、将軍や宰相の地位に、どうして血統などあろうか、いや、そのようなものがあろうはずがない。（ありはしないのだから、世に出るのは実力次第であって、出自は無関係だ！）」という意味になります。

このように、**反語は短い言葉でたくさんの意味を内包できる文法**です。

短い言葉で、より深い意味を出すことができるのは、この文法の為せる業だと言っていいでしょう。

現在でもテレビなどのメディアで、「○○政権は××だ」ではなく「はたして○○政権は××を守っているか」というような表現をしているのをよく見かけます。短い言葉でたくさんの意味を内包できる反語は、スローガンなどにはうってつけだからなのです。

第3章 文法

文法から「書き手の言いたいこと」を導き出す

読解につながる文法①

ストレートに言いたいことを伝えない

文法に注目することで、書き手の「本当に主張したいこと」をつかむこともできます。

例えば、次の文が、本文の最後にあるとします。解釈として正しいのは、AとBのどちらでしょうか？

「はたして良いことだと言えるのだろうか。」

A「良いことなのか、悪いことなのか、判断できない」と言っている。

B「悪いことだ」と言っている。

正解は、Bです。

この文は、良し悪しについて相手に質問をしているわけではありません。**「言うまでもなく、良いことだとは言えませんよね」と、相手に同意を求めている**のです。これも反語表現です。

少し古めかしい表現を使うなら、「〜ではなかろうか？」もあります。

「Aではないだろうか」という表現をよく考えてみると、「ない」という言葉があるので逆の意味に解釈してしまいそうです。

途中で止めれば「Aではない」になるので、「だろうか」という疑問を後ろに付けるだけで、「Aだ」という意味になるわけですから、反語はじつに面白いです。

英語でも反語表現が使われている

日本語以外の言語でも、婉曲表現や、ストレートに伝えないことで言いたいことを際立たせる表現はよく見られます。

例えば、「How hard it is.」という英文は、「なんてハードなんだ！」と訳します。「どれだけ大変なことか」と疑問を投げかけることで、「すごく大変だった」ことを示しているので、一種の反語だと言えるでしょう。

反語表現が使われる理由

このような技法が広く使われている理由は、私は**「人間は肯定よりも、否定のほうが響く場合がある」**からだと考えています。

例えば、転売屋について聞かれたときに、どちらの意見のほうが心に残るでしょうか？

Ａ　転売は、法的に規制したほうがいいと思います。

Ｂ　転売は、絶対に許されない行為だと思います。

ＡとＢの文の内容自体に、それほど差はありません。

それにもかかわらず、なぜかＢのほうが「押しが強い意見」「印象に残る文章」に映ります。

なぜかと言うと、**Ａが肯定文であるのに対して、Ｂは否定文だから**です。

例えば、ミーティングの場でも「いいですね！」というセリフを繰り返しているだけの人は、「適当に答えているのではないか？」と疑ってしまいますよね。

一方、「これは、違うんじゃないですか？」と否定の意見をしている人は、きちんと自分の意見を言っているように感じます。

SNSでも、いわゆる〝バズる〟投稿は、基本的に否定文です。「日本っていい国ですね」よりも「日本のここがダメだ!」という投稿のほうが、圧倒的に「いいね」が付きやすいのです。

そう考えてテレビや新聞、ネットなどのメディアを改めて見渡してみれば、ニュースの見出しには、否定の文が溢れていることに気づくと思います。ただ、そうは言っても、すべてにおいて否定ばかりしている人は周囲から敬遠されかねないので、日常生活のコミュニケーションでは注意が必要でしょう。

また、前述の反語にも否定が含まれています。

反語は、「Aだろうか、いやそうではない」という「そうではない」のニュアンスが含まれていました。

否定のほうが強く印象づけられるので、過去から現在に至るまで、文章を書く人は自分の主張に「否定」を入れることが多いのです。「~です」と断定するよりも、「~ではないでしょうか」「~と言えるのではないでしょうか?」という表現にすることで、強い印象を与えようとしているのです。

この「否定のほうが強く印象づけられる」という原則を理解しておくと、どんな文章を読むときにも「書き手が印象づけようと思っているポイント」がこれまで以上に簡単にわかるようになります。

第3章 文法

基本的に、すべての意見は「否定」である

読解につながる文法②

意見とは現状に「NO」を突きつける行為

なぜ、私たちは肯定の文よりも否定の文のほうが目を引かれるのでしょうか？

じつは、この疑問は、そもそもの前提が間違っています。

人は、否定の意見のほうを強く感じるのではありません。

そもそも、**意見とは否定**なのです。

既存の何かに対する否定をするのが意見なので、意見の本質である「否定」が前面に表れた文に強い印象を受けるのです。

まず、なぜ「意見とは否定である」と言えるかというと、**肯定したいだけなのであれば、その意見**

を口にする必要がないからです。

現状に対して何かしら「NO」を突きつけたいから、その意見を言っているのです。

そのため、どんな意見も否定のニュアンスが必ず含まれています。

「でも、何かを賛美したり、賛成したりするような意見もあるのでは？」と疑問に思う人もいるかもしれませんが、それはそれでじつは否定が含まれています。

例えば、「Aという政策に対して、間違っていると思う人もいるでしょう。でも、私はAという政策をいいと思います！」という意見は、否定に対して否定をしているので、マイナス×マイナスで肯定になるのです。

結局、意見は何かを否定するものなのです。

否定の文は、どんなものであれ意見であることが多いので、強く感じるのも当たり前というわけです。

意見や主張は「しかし」の後ろにある

ここで文法に着目してみましょう。

「否定」の接続詞の後ろには、書き手の言いたいことがよく見え隠れしています。

「みなさんの中に、こう思っている人は多いのではないですか？　しかし、じつは違うのです！」

「こういうこと、やりがちですよね。しかし、それはやってはいけないのです！」

これは、普段多くの人がやっていることや常識として考えられていることを指して、それに対する否定をぶつけるという表現方法です。

このとき、**書き手が一番言いたいのは、「しかし」の後ろに続く否定の文**です。

「こう思っている人って多いですよね」「〜ってやりがちですよね」という文は、あくまで前提条件の確認にすぎないので、言ってしまえば、なくてもいいものです。

本題や著者の意見は、「しかし」からの否定文にこそあるのです。

文章を書く著者は、世間に対して思うことがあるからその文章を書いています。

「みんなこう思っているけれど、そうではない！」

「知られていないけれど、これが重要なんだ！」

世間一般の常識に対して、「NO」を突きつけることが文章の本質なのです。

だからこそ、逆接を用いてその思いを表現することが自然と多くなるということなのです。

そこで、次項から「否定が絡む文法」についてもう少し掘り下げて解説したいと思います。

「接続詞」から話の展開が先読みできる

「接続詞」の本当の役割

「否定が絡む文法」の代表的な存在と言えば、接続詞の「しかし」でしょう。

ただ、「しかし」を解説する前に、まずは接続詞について正しい理解をする必要があります。

接続詞について、「接続って言うくらいだから、2つの文をくっつける役割だろう」という理解の人が多くいます。

しかし、それだけでは、もったいないです。

接続詞は、読解の大きな助けになる、重要な言葉なのです。

正しい接続詞の理解は、「話の本筋（＝書き手が言いたいこと）」が何かを指し示す言葉です。

次の問題を見てください。

【問題】（A）に入る接続詞は次のうちどれでしょうか？
「①ただし」「②しかし」「③そして」の中から選びなさい。

アニメは、今や世界にとどろく日本のコンテンツになっています。アニメの影響もあり、世界中の人に日本の文化が知られています。

（A）、海外から見たときの日本の文化は偏っている場合があります。

アニメは、日本の「告知」という点において、非常に価値が高いと思います。今後、日本はコンテンツ産業を推し進めていくべきではないでしょうか。

正解は「①ただし」になります。

「順接」の意味を持つ「そして」が当てはまらないことは、ほとんどの人がわかるでしょう。「ただし」と「しかし」は、前の文と次の文の意味が逆のときに使う接続詞というように、同じような役割で理解してしまいがちです。実際、この2つを「逆の内容にするときに使う接続詞」と、ざっくり学校で教えられたという人もいるようです。

しかし、その理解では、文章を正しく読解することはできません。
前にお話しした通り、接続詞は、「話の本筋＝書き手が言いたいこと」が何かを指し示すものです。

「ただし」と「しかし」の違い

「ただし」と「しかし」は、同じような接続詞ではあるものの、話の本筋が逆になるという違いがあります。

例えば、次の文で本当に言いたいのは、「A」「B」のどちらでしょうか？

「A」ただし、「B」

正解は、「A」です。

「山田さんは優秀だ。ただし、山田さんはとても若い」

この場合、**「山田さんは優秀だ」がより言いたいことになります。**

「とても若い」という例外的な部分はあるものの、基本的に「山田さんは優秀だ」ということを書き手は伝えたいのです。

逆に、次のように書いてあるとき、本当に言いたいことは、「B」になります。

「A」しかし、「B」

「山田さんは優秀だ。しかし、山田さんはとても若い」と言った場合、**言いたいことは、「山田さんはとても若い」**ということです。

要は、「優秀だけど、まだまだ若いよね」ということです。

この場合は、さきほどと逆の展開が考えられます。

「山田さんは優秀ではあるものの、とても若いため、課長に就任するにはもう少し年月が必要だろう」と、若さをネガティブな要因とした話が展開すると考えられます。

「ただし」の場合とは、逆になるのです。ちょっとした接続詞の違いのようですが、言いたいことは真逆になるというわけです。

この2つの違いをしっかり理解できると、話の本筋を間違えることはなくなります。

「しかし」は逆接の接続詞なので、後ろに書き手の意見がくることが多い、とお話ししましたが、**「ただし」の後ろに書き手の意見がくることはありません。**

「ただし」も、同じように見える接続詞ではありますが、話の本筋と違う話を追加する接続詞なので、話の本筋とは違うのです。

130ページの文章も、文章全体で見ると「アニメは世界に売り出す価値がある」ということが言いたいのだとわかります。

「海外から見たときの日本の文化は偏っている場合があります」というのは、あくまで補足であり、言いたいこととは違います。したがって、ここでは「ただし」が正解です。

もし、後ろの文が「日本の文化をありのままに伝えているわけではないのです」という流れになっているのであれば、「しかし」になります。


アニメは、今や世界にとどろく日本のコンテンツになっています。アニメの影響もあり、世界中の人に日本の文化が知られています。

しかし、海外から見たときの日本の文化は偏っている場合があります。

日本の文化をありのままに伝えているわけではないのです。


そのため、さきほどの文章は、じつは前後の文だけを見ても答えはわからないのです。

ちなみに、「そして」はまた違う考え方になります。

「AそしてB」のとき、本当に言いたいのはAとB両方です。

「A」の続きの内容などが連なって進むことが多いので、「A」「B」どちらも同じくらい重要な場合に使います。

山田さんは優秀だ。**そして、**山田さんはいい人だ。

山田さんのことを肯定的に考えている点では、一緒の話をしています。

前後の文章の結論が変わらない場合に、「そして」を使うというわけです。

この話を理解しておけば、接続詞を見て「書き手が本当に伝えたいこと」が正しく読み取れるようになります。

「接続詞」から「書き手の言いたいこと」を先読みする

さらに、接続詞をしっかり理解すると、書き手の言いたいことを先回りできるようにもなります。

次の文を見てください。

アニメは、今や世界にとどろく日本のコンテンツになっています。**しかし……**

文の途中ではありますが、「しかし」という言葉を見た瞬間に、主張としてアニメを否定しようとしているのだろう、とわかります。

アニメは、今や世界にとどろく日本のコンテンツになっています。ただし……

反対に、この文の場合は、「ただし」という言葉を見て、「アニメを否定しようとしているわけではなさそうだ」、ということがわかります。「そして」も同様です。

このように、接続詞は「書き手の言いたいこと」を先回りしてつかむのに最適なツールでもあるということがおわかりいただけたのではないでしょうか。

図 3-1 「接続詞」と「書き手の言いたいこと」の関係

「ただし」

A ただし、 B → **Aが書き手の言いたいこと**

【例】このワインはとても美味しい。ただし、値段が高い。

「しかし」「だが」「でも」

A しかし、 B
A だが、 B
A でも、 B

→ **Bが書き手の言いたいこと**

【例】このワインは値段が高い。しかし、とても美味しい。

「たしかに」

たしかにA、しかしB → **Bが書き手の言いたいこと**

【例】たしかにこのワインは値段が高い。しかし、とても美味しい。

「つまり」「そして」「だから」

A つまり、 B
A そして、 B
A だから B

→ **AもBも書き手の言いたいこと**

【例】このワインは、口当たりがなめらかだ。そして、味に深みがある。

「さえ」が含まれる文は「意見」が多い

「文の背景に隠された情報」を読み取る

次は、「さえ」です。
古典文法で言えば、「だに」にあたります。
例えば、次の文章はどういう意味でしょうか?

小学生でさえできる。

一見、簡単そうに思えて、じつは解釈するのが非常に難しい文です。

まず、最低限、「小学生はできる」という意味があることは理解できます。

ただ、**それ以上の情報が背後に隠れている**のです。

前に文を足して、文脈で考えてみましょう。

私は、よく生徒に向けて次のように言います。

私　「この問題は解けるか？」

生徒「解けません！」

私　「こんな問題、**小学生でさえできるぞ！**」

「小学生が解ける」ことを示すことによって、もう1つ、まったく異なる情報を提示しています。**（中学生以上の）生徒に対して、「小学生でも解けるのだから、（中学生以上である）キミが解けないわけがない」ということを示している**のです。

「〇〇できないわけがない」は、これまでに何度も登場している、「否定の形で強い断定をしている表現」です。

「さえ」には強調の「ない」のニュアンスが含まれているので、書き手の意見になっていることが多いというわけです。

「○○できないわけがない」は、「○○できるはずだ」ということを強く示す言葉だと言えます。

否定表現が含まれることから、さきほどお話ししたように、重要で自分の意見になっている場合が多いことは言うまでもありません。

まとめると、「AでさえB」とは、**「AでさえB」の後ろに、「まして、CはなおさらBだ（Bでないわけがない）」ということが示されている文**だと言えるのです。

AでさえB
「AでさえBだ。**まして、CはなおさらBだ**（Bでないわけがない）」

「さえ」を使うと、まさに第1章で紹介した対比型になります。

なぜなら、**AとCを対比している**からです。

この項目の冒頭で「小学生でさえできる」という文を解釈するのが難しいと申し上げたのは、Cを類推する必要があるからです。

「まして、CはなおさらBだ」は自分で補わなければならないうえに、Bは書いてあるもののCは書いていないため、自分で類推しなければならないからなのです。

「一番伝えたいこと」をあえて書かない表現法

「書かない」ことで「主張」を強調

「CはなおさらBだ、のほうが言いたいことなのに、なぜ言葉にしないのだろう?」

前項を読んで、このように思った人がいるかもしれません。

これこそが、日本語の面白いところです。

他の言語と比べて、日本語は「言葉の外に重要なことを示す」場合がとても多いのです。

第1章で紹介した説話型は、「今後、日本はどうなってしまうのだろうか」という文のように、わざと答えを書かずに欠けた部分をつくることで、読者に想像の余地を持たせて引き込む型でした。

この説話型と同じように、**1文の中で、「わざと答えを書かないようにする」**というテクニックを用いている、と捉えることができるのです。

『枕草子』の中に、次の一節があります。

夏は夜　月の頃はさらなり、闇もなほ、蛍の多く飛びちがひたる。

直訳すると、こうなります。

夏は夜だ。月の頃は言うまでもないが、闇夜も同じようにまた、蛍が多く飛び交っている。

何が「言うまでもない」のかについては何も書かれていません。

『枕草子』の冒頭「春はあけぼの」と同様、この「夏は夜」という出だしも、春夏秋冬の季節の良いところを説明しています。

「春はあけぼの」は、「春は、日の出前の少しずつ明るくなる空（が良い）」と言っていると解釈できます。

そのため、「夏は夜」も「夏は夜（が良い）」ということが伝えたい1文であることがわかります。

したがって、次のようになります。

「夏は夜（が良い）。月の頃は言うまでもないが、闇夜も同じようにまた、蛍が多く飛び交っている。」

ここでの**「言うまでもない」は、「月の出ている夜はもちろん（良い）」ということを説明している**のです。

であるならば、「闇もなほ、蛍の多く飛びちがひたる。」もわかると思います。

「なほ」は「同じようにまた、」と訳しますが、「闇夜も同じようにまた、蛍が多く飛び交っている（のが良い）」という意味になります。何が「同じように」なのかと言えば、「月夜と同じように、月が出ていない夜もまた」だとわかります。

「夏は夜（が良い）。月の出ている夜は言うまでもなく（良いが）、闇夜も同じようにまた、蛍が多く飛び交っている（のが良い）。」

このように、「良い」という言葉を補って訳して、はじめて意味が理解できます。

要は、**この文は、「良い」ということを1回も言葉で直接表現せずに伝えようとしている**のです。**清少納言は、読者自身に「良い」ということを補うような読み方をさせることで、夏の「良さ」を浮き彫りにした**のです。

これが、『枕草子』が千年経った今でも名文として語り継がれている大きな理由の1つです。

これこそ「言うまでもないこと」かもしれませんが、「さらなり」＝「言うまでもない」にも、「ない」の要素が入っていることに注目してください。

「言うまでもない」と言っていますが、それは「大事ではないので説明を省きますよ」という意味で使われるだけでなく、**著者としては大事だと思っている場合に使うことも多いのです。**

「言うまでもない」とは、「言うまでもないくらい、当たり前に重要である」ことを説明しているのです。

「〜しても、しきれない」「どれだけ〜だったか」

また、「言うまでもない」と同じように覚えておきたい表現として、「〜しても、しきれない」という表現があります。

「感謝しても、しきれない」は、「感謝していない」わけではなく、「感謝しようと思っても感謝しきれないくらいに、感謝している」という意味になります。

同じような意味で、「どれだけ〜だったか」という表現もあります。

「どれだけ感謝しているか」とは、「どの程度、感謝をしているでしょうか？」という質問ではありません。「どれだけ感謝しようとしても感謝しきれないくらいに、感謝している」という意味になります。

この文にも、「否定」のニュアンスが含まれています。

「～してもしきれない」という否定のほうが、「～している」の肯定よりも圧倒的に強いわけです。

古文の世界から現代まで受け継がれる「あえて言わない」文化

この、「どれだけ～しようとしてもできないくらいに強く」や「表現できないほどにすごく強く」という表現は、古文の世界でよく使われています。

例えば、『枕草子』の中に、こんなエピソードがあります。


清少納言が、政治絡みの職場でのいじめにあってしまい、職場から実家に引きこもっていました。

あるとき、敬愛する主人である中宮定子から手紙が届きました。

開けてみると、花びらが1枚出てきて、その花びらに「言はで思ふぞ」と書いてあったのです。

このとき、清少納言は「あっ」と思いました。

なぜ、清少納言が驚いたかというと、書いてあったのが、『古今和歌六帖』（編者不詳）の中におさめられている有名な和歌の一節だったからです。

心には　下ゆく水の　わきかへり　言はで思ふぞ　言ふにまされる
（心の中では、地下を流れる水が勢いよく湧き返っているように、口には出せないほどにあなたを思っているよ。それは、口に出すよりも、ずっと深く激しい思いなのだよ）

「言はで思ふぞ　言ふにまされる」は、直訳すると**「言わないで思っているのは、言葉にすることよりも勝っている」**という意味です。

つまり、「言葉では表現できないくらいに、あなたを大事に思っている」ということになります。

花びらに書いてある「言はで思ふぞ」は、この和歌を踏まえて、「何も言わないけれど、それは言葉にしたら陳腐になってしまうから言葉にしないだけ。本当は、言葉では表現できないくらいに、あなたのことを思っているのだよ」という意味だったわけです。

だから、花びらに書かれた言葉を見た清少納言は「職場に戻ろう」と決心したのです。

このように、**日本では古くから「言葉にしてしまうと言葉以上の意味にならないので、あえて言葉にしないけれど、それくらいに想っている」ということを伝えるための表現が好んで用いられてきました。**それが、現在まで残っているのです。

「～しても、しきれない」「どれだけ～だったか」という表現は、日本語では最上級に強い表現なのです。

現実とは違うことを想像する文法「反実仮想」

「のに」の後に隠された意味を自分で補う

もう1つ、「自分で意味を補う必要のある、否定の要素を含んだ文法」があります。
それは、「のに（～だったらいいのに）」です。
古文では「まし」と表現します。英語では、ｉｆを使った仮定法と呼ばれています。
次の文を見てください。

「晴れたらいいのになぁ」

翌日や来週など、現在よりも先の天気が晴れてほしい、という意味だと解釈する人が多いと思います。

しかし、「明日晴れてほしい」と思うときは、「明日晴れたらいいな」と表現するのが一般的でしょう。

では、「晴れたらいい『のに』なぁ」の「のに」は、どのように解釈すればよいかと言うと、少し言葉を補う必要があります。

のに　→　~なのに、そうなっていない

つまり、「晴れたらいいのになぁ」とは、**「晴れたらいいけど、晴れないなぁ（晴れないからつらい）」**という意味なのです。

例えば、翌日にお花見をする予定だが、天気予報の翌日の降水確率が80％だった、という状況が想定できます。

または、すでに雨が降っている可能性もあります。

花見当日、ブルーシートを敷いて準備万全の中、ぽつりぽつりと雨が降り始めたので、「晴れたらいいのに、晴れないなぁ」と、こぼしたと考えることもできます。

要するに、**「のに」は、目の前の現実とは違うことを想像しているときに用いる言葉**なのです。

「現実と違う」からこそ、**「反実の仮想（＝現実と反する、仮の想像）」**をします。そういう意味で、

「のに」を「反実仮想」と呼びます。

「のに」と同様の表現として、古文単語では「せば～まし」があります。

次の文は、『古今和歌集』におさめられている在原業平が詠んだ和歌です。

世の中に　たえて桜の　なかりせば　春のこころは　のどけからまし

この和歌をそのまま訳すと、「世の中にもし桜がまったくなかったら、春の人のこころはのどかだったろうになぁ」になります。

前述の通り、この文は「反実の仮想＝現実と反する、仮の想像」が用いられています。なぜなら、**「桜が存在しない」というのは、現実の反対で、あり得ない話**だからです。

したがって、**「しかし、実際には桜があるので、春の人のこころはのどかではない」ということを意味する**わけです。これは「実際には○○だから、△△だ」と言いたいがために、現実の反対、つまり**現実を否定する表現をしている**のです。

このニュアンスを理解していないと、「晴れたらいいのになぁ」という文を「晴れたらいいなぁ」という意味だと勘違いしてしまうことになります。

文字量で言えば、「のに」というたった2文字の違いにすぎませんが、この差がとても大きいのです。

図 3-2 言葉の意味を自分で補う必要のある否定の要素を含んだ文法・表現

さえ(だに)

小学生でさえ解けるぞ! → 小学生でさえ解けるのだから、(中学生以上の)キミが解けないわけがないだろう!

言うまでもない(さらなり)

新発売のスマートフォンは、デザインが素晴らしい。機能は言うまでもない → 新発売のスマートフォンは、デザインが素晴らしい。機能は、言うまでもなく、当然、素晴らしい

~しても、しきれない

感謝しても、しきれない → 感謝しても、感謝しきれないくらいに、とても感謝している

~だったらいいのに(せば~まし)

晴れたらいいのになぁ → 晴れたらいいのになぁ。けれど、晴れないからつらい

複雑化する現代の反実仮想の文法

古文の世界、つまり昔の日本では、この反実仮想が大変わかりやすい表現でした。「せば／ませば／ましかば」などを用いたうえで、「まし」で結べば反実仮想を表現することができていたのです。

《古文の反実仮想》

「Aせば（ませば／ましかば）、Bまし」

↓「AだったらBなのになぁ。でも、実際にはAではないからBじゃないんだよなぁ」

一方、現代の反実仮想の表現は少しわかりにくくなっています。

「ば」「もし～」「だったら」など、多様な表現で仮想を表現し、文末も「だろうに」「なのに」「のに」など多様です。しかも、その形もどんどん変わっていて、「のに」がなく、「ば」だけで反実仮想を表現できてしまいます。

「自分で補う必要のある否定の要素を含んだ文法・表現」については、この「～だったらいいのに（まし）」に加えて、「さえ（だに）」と「言うまでもない（さらなり）」と「～しても、しきれない」の4つをおさえておけば問題ないでしょう。

図 3-3 「反実仮想」の文法

反実仮想＝目の前の現実と反する、仮の想像をすること

古文の反実仮想 せば～まし

Aせば(ませば／ましかば)、Bまし

➡「AだったらBなのになぁ。でも、実際にはAではないから
Bじゃないんだよなぁ」

【例】
世の中に たえて桜の なかりせば 春のこころは のどけからまし
(訳)世の中にもし桜がまったくなかったら、春の人のこころはのどかだっただろうになぁ

現代の反実仮想 のに

～だったらいいのに

【例】
晴れたらいいのになぁ
➡晴れたらいいのになぁ。けれど、晴れないだろうなぁ

【「のに」以外の、現代の反実仮想の例】

- **「知っていれば、買ったのに」**
  ➡もし知っていたら、買ったのに、現実には知らなかったから買っていない
- **「知っておけばよかった」**
  ➡もし知っていたら、〇〇だったのに、現実には知らなかったから、〇〇ではない
- **「彼女と会っていれば」**
  ➡もし彼女と会っていたら、〇〇だったのに、現実には会っていないから、〇〇ではない
- **「こうだったらなぁ」**
  ➡もしそうだったら、〇〇だったのに、現実にはそうじゃないから、〇〇ではない

漢文の勉強をすればするほどじつは、読解のスピードが上がる

なぜ、漢文には読み方のルールがあるのか？

最後は、ここまでと少し方向性を変えて、漢文の文法を理解すると、現代の文章が早く読めるようになるということについてお話ししたいと思います。

一般的に、漢文の授業では、まず漢字を読む順番を習います。

例えば、次の漢文はどんな順番で読むでしょうか？

洗《あらウ》レ手ヲ

漢文には、左側に「レ」が付いている字は、その下の字を読んでから読む、というルールがあります。したがって、「手ヲ洗ウ」と読みます。

学生時代、この漢文の順番のルールを習って、なぜこんな面倒なルールが存在しているのか疑問に思った人は多いと思います。

理由は、じつはすごく簡単です。漢文は、古代中国の文法に沿ってつくられています。その中国の文法が、日本語の文法とは異なるからなのです。

例えば、日本語では、「手」を「洗う」という順番になります。

つまり、「A［名詞］を、B［動詞］する。」という順番です。

しかし、漢文では「洗う」「手」となります。「B［動詞］する、A［名詞］を。」となり、日本語とは順番が逆になっているのです。

そのため、「レ」を入れることによって、中国語の文を日本語の順番に直しているというわけです。

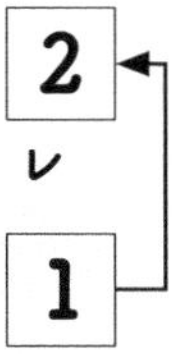

日本語の文法：「A［名詞］を、B［動詞］する。」　例　手を洗う。
漢文の文法　：「B［動詞］する、A［名詞］を。」　例　洗う、手を。
　　　　　↓AとBが逆なので、「レ」で解消する。

もう少し文法的な説明をしましょう。
文の中の役割には、次のようなものがありました。

主語　：その行為をする人のこと。私、彼、彼女など。
　　基本的に、名詞がなることができる。
述語　：主語が行う、行動を示す動詞のこと。会う、話す、考えるなど。
　　基本的に、動詞がなることができる。
目的語：「何を」という言葉。「私はプレゼントを買った」の「プレゼント」を指す。基本的に、名詞しかなることができない。

これを加味して考えると、日本語の文法と漢文の文法は、次のように整理できます。

日本語の文法：「A［主語］が、B［目的語］を、C［述語（動詞）］する。」

例　彼はチョコレートを食べる。

漢文の文法　：「A［主語］が、C［述語（動詞）］する、B［目的語］を。」

例　彼は食べる、チョコレートを。

「漢文って変な順番だなあ」と感じるかもしれません。

しかし、世界的に見ると、日本語の語順のほうが少数派なのです。

代表例は、英語です。「彼はチョコレートを食べる」を英訳すると、「He eats chocolate.」です。「Heがeatsする、chocolateを」の順番になっています。

漢文の文法を使った文章の読み方

漢文を理解することは、「主語」と「述語」が先にくる考え方に慣れることに他なりません。

実際、日本語の文章を読むのが遅い人は、「主語」と「述語」が理解できていない場合があります。

逆に、漢文のように「主語」と「述語」を明確に意識するだけで、文は格段に理解しやすくなるのです。

例えば、次の文を見てください。

私は五反田にあるホテルの最上階にある最高級スイートルームを3時45分にネットから予約した。

なんとなく、長ったらしくて読みにくい文ですね。

この文を漢文的な文法で考えるなら、まずは主語、つまり「誰が」の部分を考える必要があります。

この場合、「私」です。

次に、述語、つまり「どうする」の部分を考えます。この場合、「予約した」です。

つまり、**長々とした文ではありますが、「私は予約した」と言っているだけ**なのです。

~~私は五反田にあるホテルの最上階にある最高級スイートルームを3時45分にネットから~~予約した。

これだけでも、じつは文は読めてしまいます。

ネットから予約したのか、それとも直接電話で予約したのか、品川なのか五反田なのか、安宿なのかスイートなのか、最上階なのか3階なのか、など、ひとまずはどうでもいいことなのです。

文の中で重要なのは、漢文で最初にくる「誰が」「どうする」であり、その順番で考えてから「何を」と考えたほうがいいのです。

漢文的な文法に慣れると、主語を補ったり、2つの文をひもといたりできるようになります。

例えば「机を移動するのは迷惑だった」という文があるとしたら、「誰が机を移動したのか?」「誰にとって迷惑だったのか?」「移動したことが、どう迷惑だったのか?」がわからないままです。

漢文的な文法で考えれば、まず「誰が」を考えると「主語」が省略されていることに気づきます。

次に「どうする」を考えると、2つの「述語」が見えてきます。この場合、「机を」の部分は切り捨てて、「移動する」が「どうする」です。つまり、誰かが「移動する」ということをしたわけです。

そして、もう1つの「どうする」が「迷惑だった」になります。これにも主語になる誰かがいるはずなので、誰かが「迷惑だった」ことがわかります。

漢文の文法を使った読み方3つのステップ

ここまでの話を整理してみましょう。

「Aさんが(机を)移動した」

「Bさんは(どれが自分の机かわからなくなって)迷惑だった」

このように、「誰が」「何を」「どうする」のかが明確になると、物事は格段に理解しやすくなるのです。

（ステップ1）「誰が」主語なのかを整理する
（ステップ2）主語が何をしたのか、「どうする」という述語にあたる動詞を確認する
（ステップ3）動詞が整理できたら、残った目的語「何を」を整理する

このステップで整理するのが、漢文的な文法を使った読み方のテクニックです。

次の文を見てください。


私は彼が10枚ほどの紙の書類を役所に提出してしまったことに対して大きな悲しみを覚えた。


ひと目ですぐに理解することは難しいでしょう。

しかし、この文を短くすれば、「彼は提出した」「私は悲しんだ」になります。

たとえ、悲しんだ内容に長い説明があったとしても、提出した内容がとても説明しきれないような難しい内容だったとしても、この２つの要素さえつかめていれば、大筋を理解できたと言えるのです。

また、さきほどの「机を移動するのは迷惑だった」という文のように、一文に２人以上の人物が登場している場合があります。

このようなときは、思い切って２つの文に直してしまいましょう。

２人以上に起こっていることを１つにまとめているからわかりにくくなるのです。

２つの文に直してしまえば、簡単に理解できるようになるはずです。

いかがでしょうか？

「現代で、わざわざ漢文の勉強をするなんて時間の無駄」と考えている人が多いかもしれませんが、じつは**漢文の勉強をすればするほど、日本語の文の読解のスピードが劇的に上がる**のです。

もっと言えば、漢文と同じ語順の英語の読解のスピードも上がることは言うまでもありません。

本書では、本格的な古文・漢文の文法に関しては掘り下げて解説をしませんでしたが、古文・漢文も含めて、きちんと文法を理解することで現代の文章が読みやすくなり、かつ、書き手が言いたいことも的確に理解できるようになることがおわかりいただけたのではないでしょうか。

おわりに

最後までお読みくださり、ありがとうございました。

本書は、学び直しの社会人、および現役の高校生や大学受験生がおもな対象です。そして密かに、私と同じ学校の国語の先生にも読んでいただきたいという思いを持って原稿を書いていました。

「最近の子供の読解力が低い原因は、学校の国語の授業にあるのではないか?」

このような批判をよくされます。

一教員として、私はこの批判に賛同はしません。

しかし、現在の学校の国語教育が100パーセント正しいと言い切ることもできないと考えています。古文と漢文について不要論がたびたび唱えられ、「古文や漢文よりも、プログラミングや金融教育などを教えるべきではないか?」と、よく言われます。私としては非常に残念な話ではありますが、世の中に古文と漢文を読解力につなげて解説する授業が少ないからこそ、このような意見が出てしまっているとも言えるでしょう。

一般的な国語の授業では、いまだに文法や単語を教えることがメインになっていて、文法や単語と読解のつながりについて学生に理解させることは軽視される傾向にあります。現場の国語の先生自身も、古文や漢文の文章が読めるようになることを目的に、1000年も前の文法や単語を教えることだけに注力しがちです。しかも、学生に「なんで古文単語が覚えられないんだ！　そんなことでは大学受験で高得点が取れないぞ！」と、ハッパをかけるような指導が行われているという話を耳にすることもあります。これでは、学生は意味のよくわからない単語や文法をひたすら丸暗記することになるので苦手意識だけが残ってしまいます。

近年、ネットが発達し、ＳＮＳが広まることによって、情報や知識が誰でも簡単に無料で手に入るようになりました。そんな時代だからこそ、わたしたち教員は、ネットやＳＮＳとは違った知識との出合いをつくり、そして学ぶことの楽しさを学生に伝える責任があるのではないかと考えています。

今、学校教育は変わろうとしていますが、変わり切れていない部分もあります。この本が、改革に一石を投じることに少しでもつながることを願っています。

こんな表現をするのは少し気恥ずかしいですが、今回、既存の枠組みに当てはまらない、私なりの新しい国語の枠組みを提案できたと思っています。もちろん、本書の枠組みが１００パーセント正しいと主張するつもりはありません。世の国語の先生たちの間で、理想の国語の授業のあり方とは何かを考える１つの材料になってくれたら幸いです。

最後に、本書のテーマである「読解力」について、もう少しだけお話しして筆を置きたいと思います。

読解は、自分の立場を離れて書き手の立場に立って解釈する作業です。

つまり、読解力とは「相手に寄り添う力」とも表現できるのです。

そうすると、国語は「やさしさ」を学ぶ科目とも言えないでしょうか？

読解力を高めれば高めるほど、人にやさしくなれるのです。

さらに、読解力が高まると、日常に「幸せ」が増えます。

当然、目の前の出来事自体は変わりません。しかし、「解釈」を変えることはできます。目の前の現実の解釈次第で、毎日は「幸せ」に満ち溢れるのです。

同じものを見て、同じものに触れても、楽しいと感じる人と感じない人がいます。同じ1日を送るなら、目に映るすべてがキラキラと輝くような、そんな豊かで実りある1日にしたいですよね。

今日も、私は授業をして、生徒に「やさしさ」を伝えています。「やさしさ」で、日本から世界を変えていきたいと思っています。

国語を通じて得られる知識とスキルは、大学受験にとどまらず、必ずや人生の大きな武器となるという思いで、日々、私は生徒に授業をしています。本書を読んでくださったみなさんも、国語が人生の大きな武器になると感じてくださっていることを祈りつつ。

2023年8月

辻 孝宗

巻末付録①

問題編

【読解の問題①７つの型】

【１】〜【３】の文章を読んで、７つの型のうちのどの型が使われているかを見抜き、①〜③にA〜Cのどれが入るかを考えよ（解答は１６７ページ）。

【１】

はたして子供がスマートフォンを持つことはいいことだろうか。

私は、この問いについてずっと考えている。最近の子供たちの多くがスマートフォンを持っている。そのせいで、外で遊ばず、家でスマホばかりをいじっている。対面の会話が続かず、コミュニケーション能力が低くなってきているという研究もある。

［　①　］

【①】に入るのはA〜Cのどれか？

A　子供がスマホを持つのは禁止したほうがいいのではないか。

B　子供がスマホを持つことはいいことなのかどうかわからない。

C　子供のうちからスマホを持つことはメリットも大きい。

【2】

どんなことにも例外はある。

あるところに、どんなときでも法を守る青年がいた。生まれてから、一度も法を犯したことがなく、青年はどんなに小さな罪であっても犯さないことを信条にしていた。

あるとき、洪水のせいで川が氾濫してしまった。青年が、逃げ遅れた老いた母と共に洪水から逃げていると、ある橋に差し掛かった。その橋は、貴族しか渡ってはいけない橋であり、貴族以外の者が通った場合、問答無用で罰せられる。しかし、この橋を渡らない限り、2人は助からない。そこで、彼は自分の信条を曲げて橋を渡ることにした。

後に、青年は橋を渡ったことを白状したが、人々は青年の行動を讃えて無罪になった。

［　②　］

【②】に入るのはA～Cのどれか？

A　法律を守ることは非常に重要なことである。
B　法律は、時に破っていいこともある。
C　お天道様は見ているものである。

【3】

本を早く読む若者がいた。

若者は、師匠に対して「自分は人よりも多くの本を読んでいる」と、自慢した。

しかし、師匠は首を振ってこう言った。

「本は、味わって読むことが重要なので、早く読むだけでは意味がない」

【 ③ 】

若者は、師匠に対して「自分は読む量が少ないから、他の者より劣っている」という悩みを打ち明けた。

しかし、師匠は、また首を振ってこう言った。

「本は、早く多く読めばいいと言うものではない。その人に合ったペースで読めばよい」

【③】に入るのはA～Cのどれか?

A 本をあまり読まない若者がいた。

B 本をゆっくり読む若者がいた。

C 本を早く読む若者がまた質問した。

【解答】

【1】の答え：A

この文章は質問型です。「子供がスマートフォンを持つことはいいことだろうか」という問いかけから始まり、後ろの文でスマートフォンを持つことのデメリットについて述べています。そのことから、書き手が「子供はスマートフォンを持つべきではない」という主張を持っていると推測できます。したがって、Cの「持つべきだ」という主張は当てはまりませんし、また、「持つべきかどうかわからない」というBも不適切ということになります。

【2】の答え：B

この文章は同格型だと考えることができます。なぜなら、最初のメッセージと途中のエピソードで同じ話をしているからです。そうすると、この文章の主張は「どんなことにも例外はある」ということだと考えられるので、Bが正解になるでしょう。Cは、一見正しそうですが、メッセージに一貫性がなくなってしまい、型が崩壊してしまいます。また、この文章を変化型だと考えて、「どんなときでも法律を犯さない青年」が「母の命の危機」を経て「罪を犯した」という物語だと解釈することもできます。その場合でも、「法律を犯さないこと」が「変化前」に該当し、「法律を犯すこと」が「変化後」だと解釈することができるでしょう。

【3】の答え：B

この文章は対比型です。文章の前半で若者が自慢をし、師匠は「早く読むだけでは意味がない」と厳しく伝えています。一方、後半では若者が悩んでいて、師匠は「その人に合ったペースで読めばよい」と優しく伝えています。このことから、③には「本を早く読む若者がいた」という文の反対の意味の文が入ることがわかります。そして、前半で「読む速度」について指摘しているので、Aではなく、Bの「早い⇅ゆっくり」の対比だとわかるでしょう。

ちなみに、1つ目の段落と2つ目の段落で同じことを言っている同格型だと捉えることもできます。「本は、味わって読むことが重要なのであり、早く読むだけでは意味がない」「本は、早く多く読めばいいと言うものではなく、その人に合ったペースで読めばよいものである」という2つの言葉が同じ内容なので、師匠の言っていることは変わっていないと解釈できるからです。同格型と捉えた場合でも、答えはBであることが導き出せます。

【読解の問題②古文】

『枕草子』冒頭の「秋」の部分をわかりやすく訳しなさい（解答は170ページ）。

秋は夕暮れ　夕日のさして山の端いと近うなりたるに、からすの寝どころへ行くとて、三つ四つ、二つ三つなど飛び急ぐさへあはれなり。まいて雁などのつらねたるが、いと小さく見ゆるは、いとをかし。日入りはてて、風の音、虫の音など、はたいふべきにあらず。

【解答】

［訳］秋について言えば夕暮れ時。夕日が当たって、山の端がたいそう近くに感じられるようになってきたときに、Ａ「からすが寝床へ戻ろうと、三羽四羽、二羽三羽などと飛び急いでいるの」さえＢ「あはれなり（しみじみと心動かされる）」。ましてＣ「雁などがつらなって飛ぶ姿が、とても小さく見えるの」は、〃Ｂ「をかし（たいそう趣深い）」。日がすっかり沈んで、聞こえてくる風の音、虫の鳴き声などは、また言葉にできないほどだ。

清少納言が書いた『枕草子』の冒頭の「秋」の部分です。

自分の手柄を鼻にかけた、嫌な女性というイメージで語られることの多い清少納言ですが、本当にそうなのでしょうか。

まず、文章の型は同格型です。一貫して「秋は夕暮れだ」と、主張しています。

特に難しい表現もなさそうですが、清少納言という人の思いに気づくためには、単語と文法の知識もフル活用させる必要があります。

単語については、前にお話しした「をかし」が出ています。

「をかし」は、「客観的知的興味」を表します。対象と距離をとるので、カラッとした感覚です。

それに対して、「あはれ」は、「主観的情緒的感動」を表します。対象との距離が非常に近く、ドップリと浸かってしまうので悲哀の要素を多分に含みます。

そして、文法については、これもすでに解説した「Aさへ B。まいてCはなおさら〝Bだ。」があります(「さへ」は「だに」と同じ用法もあるからです)。

この場合、「B」と「〝B」の関係は、「B」＜「〝B」です。なぜなら、「だに(さへ)」という助詞は、「類推」を使って「CはBだ」を強調する表現だからです。

「A」　さえ　「B」。　まして　「C」　は、なおさら　「〝B」。
　＝　　　　　＝　　　　　　　　＝　　　　　　　　　　　　＝
例「小学生」さえ「できる」。まして「高校生」は、なおさら「できなければならない。」
　　　　　　　　　　　　　　　　　　　　　　　　　　　　　　↑
　　　　　　　　　　　　　　　　　　　　　　　　　　　「B」の強調表現となる

A「鳥が～飛び急いでいるの」さへB「あはれなり」。まして C「雁などが～小さく見えるの」は、なおさら〝B「をかし」。
　　　　　　　　　　　　↑
「あはれ」より「をかし」のほうが上という意識で「をかし」が使われている

ここで、はじめて清少納言は、「あはれ」と「をかし」では、「あはれ」より「をかし」のほうを強調表現として挙げていることに気づきます。

「をかし」より「あはれ」のほうが言葉の意味としてより深いにもかかわらず、このような表現にした理由が気にかかります。

『枕草子』が書き上がるまでの期間に、仕えていた中宮定子は、道長の権力に押されて没落していきます。没落していく定子の姿は、『枕草子』から一行たりとも感じさせません。

そうなのです、清少納言は、没落していく主人のもとにいながら、自分の主人に「あはれ」という悲哀を感じさせるような様子は一切ありません。「をかし」の世界で主人とともに生きているのだ、と声高らかに伝え切ることで、読み手に事実を見せまいとしていたのです。いじらしいまでの主人への想いが垣間見えます。清少納言は、けっして鼻持ちならない嫌味な女などではないのです（ただし、そう読み手に思われることも想定して、目を背けさせようとしていた真実があったことを考えると、そう思っておくことこそが清少納言にとって正しいことなのかもしれませんが……）。

ここまで読めて、はじめて『枕草子』冒頭が、読解できたと言えるでしょう。

【読解の問題③漢文】

次の文章を読み、傍線部を犬がどのような動作をしたかがわかるように、簡潔に説明せよ。（1992年　東京大学の問題を改題）（解答は174ページ）

（李信純は、犬をかわいがり、いつも一緒にいた。ある日信純がお酒を飲んで、草むらで寝てしまった。そのとき、そこには火が迫っていた。犬は口で、信純の衣をひっぱったが起きない。信純の寝ている近くに谷川があった。）

犬即《すなわち》奔《はし》り往《ゆ》きて水に入り、身を湿らせて臥《ふ》す処《ところ》に来《き》たり、周廻《しゅうかい》して身を以《もっ》て之《これ》に灑《そそ》ぎ、主人を大難より免《まぬが》れしむるを獲《え》たり。

（犬は疲れ果て、信純のそばで倒れ死んでしまった。信純はふと目を覚まし、毛が濡れて倒れている犬を見て不思議に思ったが、火の焼け跡を見てすべて悟って泣き悲しんだ。主人の恩に報いるのに、犬はすぐれている。）

※しむるを獲たり……させることができた

【解答】 犬は、すぐに谷川に走って体を水で濡らし、何度も信純の周りに体を使って水を注いで、焼死から救った。

傍線部の前後の文から、信純が犬に助けられたことはわかるものの、具体的にどう助けられたのかまではわかりません。

まずは、文章の全体像をつかむために、文章の型を考えてみましょう。

「信純が犬に助けられた」というエピソードを中心に書かれていることから、説話型ということになるでしょう。そして、この話の中で書き手がもっとも伝えたいことは、「犬は主人の恩に報いる」ということです。

そのうえで、次に文章中の単語を見てみましょう。

「即ち」という言葉は、「即効性がある」という熟語で使われていることから連想して、「すぐに」と現代語訳します。なんとか主人を助けたいという「犬」の思いの強さが「即ち」に表れていることがわかります。

次に、文法の観点から文章を見てみましょう。

「～を以て」は、「手段・方法」を表す前置詞です。この文章の場合、「犬は自分の体を使って水をそそいだ」となり、逃げることができるはずの犬が逃げずに、主人を救おうとしているという立場が見えてきます。

文章の型、語彙、文法と、マクロからミクロへ文章を読み込んでいったところで、いよいよ最終的な読解に入ります。

犬が「之に灑」ぐという、水をそそいだ「之」とは、どこでしょうか？

ここで、「臥す処」だから「寝ている信純」に水をそそいだとしてしまうと、自分勝手な解釈になってしまいます。

主人は起きたときに、犬の毛が濡れているのを見て不思議に思っています。これは、主人自体が濡れてはいなかったことを表していないでしょうか。

また、犬は死んでしまっていますが、焼け死んだわけではありません。

さて、今、頭に浮かんでいるのは、どんなイメージでしょうか？

主人と犬の体の下にある草だけが燃えていない、そんな想定ができるでしょうか。

主人だけに水をかけていれば、主人の体の何センチか先まで火がくることになります。

主人と犬は、焼けていない直径3メートル程の草の真ん中にいませんか。そして、何よりまず、話の中心は「主人の恩に報いようとする犬」だということを考えておかないといけません。

犬は、寝ている「主人」に水をかけようとするでしょうか？

今、主人はぐっすりと寝ています。恩に報いようとする犬の立場であれば、主人を起こすような真似はできません。

犬は、最大の武器である噛みつく、あるいは吠えるということをしていません。

いくらでも起こす方法はあったのに、それを使わないというのは、主人を起こしてしまわない配慮、話の方向性からもこれが大前提にあったということだと考えられます。

主人が心ゆくまで寝ていても助かるようにする。それが、犬の取った行動でなければなりません。

犬が水をかけたのは、「主人」にではなく、主人の周りの「草」です。

以上が、自分勝手な解釈ではない、論理的に導き出した解釈ということになります。

【語彙の問題①漢字】

（1）～（7）の古文単語について、漢字から単語の意味を類推しなさい（解答は178ページ）。

（1）おくす（臆す）→〔　　　　〕

（2）あんず（案ず）→〔　　　　〕

（3）ごす（期す）→〔　　　　〕

（4）せちなり（切なり）→〔　　　　〕

（5）くんず（屈ず）→〔　　　　〕

（6）らうがはし（乱がはし）→〔　　　　〕

（7）ずんず（誦ず）→〔　　　　〕

【解答】

（1）気後れする

「臆」の入った熟語で初めに思いつくのは「臆病」ではないでしょうか。「臆病だ」↓「気後れする、おじけづく」というように類推していくと、答えにたどり着けます。

（2）あれこれ考える

「案ず」の「案」は「思案する」の「案」なので、「あれこれ考える」ことを指します。「身を案じる」という表現は、現代でも使われています。

（3）期待する／予期する

「期待する」「予期する」の両方に、「期」という漢字が使われています。「ごす」というひらがなの文字だけでは類推の糸口が見つからなくても、漢字から類推すると、答えにたどり着きやすくなります。

（4）切実だ／大切だ

「切」という漢字から、「切実だ」「大切だ」という意味を類推することができます。また、「せちに」で、「ひたすらに」という意味になります。

（5）気が滅入る

「屈服」「屈む」といった言葉を思いついた人もいるかもしれませんが、ここは「鬱屈」という熟語と結びつけてみてください。「鬱屈」のイメージから、「気が滅入る」になります。

（6）乱雑だ／乱暴だ／騒がしい

「乱」という漢字から、何かが乱れている状況を想像してみましょう。乱れている状況は「乱雑」で「乱暴」、かつ「騒がしい」とまとめて覚えてしまいましょう。

（7）朗詠する

少し難しい熟語ではありますが、「朗誦」という熟語があります。「朗誦」は、詩などを声高に読むことを意味します。「朗誦」の「誦」という漢字から、「詩などを読む」と理解することができます。

【語彙の問題②重要語】

【1】〜【5】の文章を読んで、（a）と（b）に入る言葉を選びなさい（解答は182ページ）。

【1】10点満点のテストで8点を取った生徒がいる。合格点が9点、平均点が7点のとき、その生徒は（　a　）的に見れば成績は良いが、（　b　）的に見ると成績が悪いといえる。

絶対　相対

【2】自分だけの個人的な見方に基づく判断を（　a　）的な判断といい、個人的な見方にとらわれない、データなどに基づいた判断を（　b　）的な判断という。

主観　客観

【3】筋道を立てて、合理的に判断する際に必要な能力を（　a　）といい、それに対して感情や

感覚の働きのことを（　b　）という。

理性　感性

[4] すべてに広く当てはまり、何かに限定されないことを（　a　）的だといい、それに対して何かに限定されていることを（　b　）という。

普遍　特殊

[5] はっきりとした姿形を持っているものを（　a　）的なものだといい、それに対して、（　a　）的なものの特徴を1つにまとめあげることを（　b　）化という。

抽象　具体

【解答】

[1] a：相対　b：絶対

「絶対」は他とのかかわりを断ち、孤立した状態を指します。一方、「相対」は他との関係の中で価値や性質が変わる状態を指します。この場合、この生徒は平均点よりは点数が高いため、他の生徒とのかかわり（＝相対的）では成績が高いと言えますが、合格点には届いていないため、他の生徒とのかかわりを断った場合（＝絶対的）を考えると成績が低いと言えます。

[2] a：主観　b：客観

「主観」は何かを認識する意識のことを指し、逆に認識される側を「客観」と言います。「主観」は「主体」や「自己」といった言葉とも類似する語句であり、共通して「何かを認識する側」といった意味を持ちます。一方、「客観」は、「客体」や「他者」といった言葉と類似し、「認識される側」といった意味を持ちます。

[3] a：理性　b：感性

「理性」とは文字通り、「理（＝ことわり）」に関する能力であり、合理主義という言葉と類似します。「理性」がもっとも重視されたのが近代ですが、それにより排除されたのが「理性」の対立概念である

「感性」です。また、近代合理主義で「感性」が排除されたことによる不都合を乗り越えようとする動きを「ポストモダニズム」と言います。

[4] a：普遍 b：特殊

日常会話で「特殊」という言葉を使うときは、「変な」「少し変わった」という意味が多いかもしれません。評論文では「特殊」を「普遍」と対比させて理解するようにしましょう。「普遍」とは、文字通り、遍く当てはまること。一方で「特殊」とは遍く当てはまらないこと、つまり、ある特定の事柄にだけ当てはまることを指します。

[5] a：具体 b：抽象

評論文は、おもに抽象論、具体例の2つのパートから構成されます。抽象論では筆者の伝えたいことが書かれますが、私たちの日常生活からは想像しにくい内容のため、具体例が用いられます。私たちの日常生活で経験するような「具体例」を「抽象化」することによって、筆者のもっとも伝えたい抽象論が構成されます。

【語彙の問題③漢文】

（1）～（10）の漢字の意味として適切なものをA～Dからすべて選びなさい（解答は186ページ）。

（1）見
A 認定する　B 覚える　C 姿を現す　D お目にかかる

（2）与
A 関わる　B 与える　C 仲間になる　D 何かをもらう

（3）宜
A もっともなことである　B 宣言する　C ふさわしい　D 戦う

（4）者
A 事柄　B 不審だ　C 人　D 忍ぶ

（5）悪

A どこに～か　B どうして～か　C 悪さをする　D 憎む

⑥ 自

A 自分から　B 自然と共に　C 自然と　D 静かに

⑦ 故

A だから　B 以前にあったこと　C 勝手に　D わざわざ

⑧ 事

A 時　B 専念する　C 仕える　D 人

⑨ 徒

A 早歩きで　B 無駄に　C ただ～だけだ　D 走って

⑩ 卒

A とうとう　B 卒業する　C 卒倒する　D 突然

【解答】

(1) C/D

「見」には「姿を現す」という意味と「お目にかかる」という意味があります。また、受け身の助動詞としても使われることがあるので注意しましょう。

(2) A/B/C

現代語からの連想で「与える」という意味はわかりやすいですが、参与などの熟語があるように、「与」には「関わる」「仲間になる」といった意味もあります。

(3) A/C

漢文で、「宜なる(むべなる)」で「もっともなことである」という意味になります。「周りに知らせる」という意味を持つ「宣」と混同しないように注意しましょう。

(4) A/C

「者」は名詞句をつくる文字のため、「もの」と読む「人」という意味の他に、「こと」と読み「事柄」を表す場合もあります。いろいろな名詞の代わりをするので、その都度、考えるようにしましょう。

(5) A/B/C/D

「悪」も、読み方によって意味が大きく異なるので要注意の漢字です。「悪にか(いづくにか)」と読み、「どこに~か」という意味になります。「悪んぞ(いづくんぞ)」と読む場合には「どうして~か」の意味になり、「悪む(にくむ)」と読む場合には「憎む」という意味になります。

(6) A/C

「自ら(おのづから)」と読む場合には、「自然と」「ひとりでに」といった意味になります。そして「自から(みづから)」と読む場合には、「自分から」といった意味になります。

(7) A/B/D

「故に」は「ゆえに」と読み、「だから」という意味として頻出なので注意しましょう。それ以外には、「故し(ふるし)」と読み、「以前にあったこと」「年を経たもの」といった意味、「故らに(ことさらに)」と読み、「わざと、わざわざ」といった意味があります。

(8) B/C

「何か事をする」と考えて文脈で判断してもよいですが、「事」→「仕事」と連想して、「仕える」「専念する」といった意味を頭に入れておきましょう。

(9) B／C

「徒らに（いたずらに）」で「無駄に」という意味を表します。その他にも、「徒だ（ただ）」で「ただ～だけだ」という意味を表します。

(10) A／D

Bの「卒業する」は業を終えることを表し、Cの「卒倒する」はにわかに倒れることを表します。BもCも「卒」という漢字を含んではいるものの、「卒」のみの意味ではないため、答えにはなりません。「卒」は「つひに」と読む場合は「とうとう」という意味を表し、「にはかに」と読む場合は「突然」という意味になります。どちらも重要な意味なので頭に入れておきましょう。

【文法の問題①漢文の思考を身につける】

（1）～（7）の文について、5秒間で、1文の主語と動詞を見抜いてください。この訓練を繰り返すと、読解のスピードが劇的に向上するはずです（解答は190ページ）。

（1）私は彼が彼女に恋する瞬間を目撃した。

（2）長時間の検証の結果、研究チームはその事件が人為的に起こされたものではないということを突き止めた。

（3）昨日二人で道を歩いていたとき、古い友人に出会った彼女は明らかに動揺していた。

（4）雨が降ってきても大丈夫なようにと、母は今朝、父に、この前の父の日に私がプレゼントした傘を渡していた。

（5）彼女は覚えていないだろうが、記憶力のいい私は子供の頃に彼女と出会ったことを鮮明に覚えている。

（6）スマホのカメラを使えば黒板なんて一瞬で撮影できてノートなんて使う必要がないと私が先生に言ったら、怒られた。

（7）あの日目撃した翁ともう一度出会うために、多くの人に止められながらも私は物の怪が住むという洞穴に一人で向かうことになったのだった。

【解答】

（1）私は、目撃した。

（2）研究チームは、突き止めた。

（3）彼女は、動揺していた。

（4）母は、渡していた。

（5）私は、覚えている。

（6）私が、怒られた。

（7）私は、向かうことになった。

巻末付録②

語句編

【類義語が多い単語】

①「常套」の類義語

紋切《もんき》り型《がた》、画一的、杓子定規《しゃくしじょうぎ》、ステレオタイプ、ありきたりなど

「常套《じょうとう》」は、ありふれていることを指す。否定的な意味でもよく使われる。常套句・常套手段、などのように使う。新しい手法ではないことを指す言葉であるため、使うタイミングによっては、「古臭くて、頭が硬いこと」を揶揄する場合がある。

②「形骸」の類義語

伽藍堂《がらんどう》、有名無実化、形式化、空洞化など

「形骸《けいがい》」は、姿形だけで、中身がないことを指す。否定的な意味で使われることが多い。「法律が形骸化する」など、「意味がなくなってしまう」というような意味で使われる。

③「揶揄」の類義語

嘲《あざけ》り、愚弄《ぐろう》、嘲弄《ちょうろう》、冷やかす、諧謔《かいぎゃく》、冷笑、からかう、茶々を入れるなど

「揶揄《やゆ》」は、誰かを馬鹿にしたり、からかったりすることを指す。誰かを否定するときに使われるこ

とが多い。「あの人の発言は揶揄的だった」のように、「馬鹿にする」というような意味で使われる。誰かを馬鹿にしている人を指して否定的な表現をする場合にも使われる。

④「寸鉄」の類義語

寸言《すんげん》、警句《けいく》、頂門《ちょうもん》の一針《いっしん》、金言、格言など

「寸鉄《すんてつ》」は、短く鋭い言葉で人の急所を突くことの例えとして使われる。肯定的な意味で使われることが多い。「寸鉄人を刺す」のように、「短いけれど相手の心を突く」という意味で使われる。

⑤「日和見」の類義語

事なかれ主義、事大主義、八方美人、機械主義など

「日和見《ひよりみ》」は、自分の意思を持たず、形勢をうかがって自分の都合の良いほうに立とうとする態度を指す。似たような意味に「八方美人」がある。「あの人は日和見主義だ」というように、「自分で何も考えず、事なかれ主義で動いている悪い人」という意味で使うことが多い。また、自分の意思がなく、傍観者の立場に立っている状態を指す場合もあり、現在、若者の間では「日和《ひよ》ってる」などの形で、「長いものに巻かれて、または大きなものに対して怖がって、何もしないこと」を表す場合がある。

【部首や漢文の意味から漢字を学ぶ】

手偏の漢字

手偏の多くが、「手を使うもの」を表します。例えば、「折る」の場合、「棒を折る」「紙を折る」など、手を使う場合に多く用いられます。「提携」は、お互いの手を取り合うことを指すことから、「提」と「携」ともに手偏が使われているという理由づけができます。

(手偏の漢字の例1) 抗

抗が使われている語句に「抵抗」がある。抵抗という言葉からは「誰かから手をつかまれていて、必死でその手を引き剥がそうとしている」という様子をイメージできる。だから、「抵」と「抗」は両方手偏であると解釈できる。

(手偏の漢字の例2) 指

「何かを指す」は、まず「手を使って指し示す」というイメージが思い浮かべられる。「指揮」という言葉は、オーケストラの指揮者も、タクト(指揮棒)を振って演奏を統率することから、「指」と「揮」の両方が手偏であるという理由づけができる。

人偏の漢字

人偏は「人が関わっているもの」「人の性質を表すもの」を指します。「建」に人偏が付いた「健」という漢字は、健やかで元気・丈夫で力強い人の状態を指します。

このように、人偏が付いた漢字は、何かしら人の性質の要素が含まれている場合があります。

（人偏の漢字の例1）依

「依拠」「依存」などの言葉に使われている「依」は、「人が何かにもたれかかっている」状態を指す。そこから派生して、人以外のものでも何かにもたれかかっている状態を表すようになった。

（人偏の漢字の例2）保

「保存」「保有」などの言葉に使われている「保」は、「持ち続けること」という意味だけでなく、「保証」「保護」などのように「人が何かを引き受ける」「人が何かに責任を持つ」という意味がある。そこから派生して、現代では、大切にすることや、しっかりと持ち続けるというイメージにつながっている。

（人偏の漢字の例3）倫

「倫理」「不倫」などの言葉に使われている「倫」は、人々の正しい秩序のことを指す。ちなみに訓読みで「たぐい」とも読み、仲間のことなどを指す。

行人偏の漢字

行人偏は、「少しずつ進む」ことを指します。形が人偏と似ていますが、成り立ちが違います。人偏が人を表しているのに対して、行人偏は道を表します。

そのため現代では、行人偏が付く漢字は、「行く」「進む」というイメージを持つものが多いのです。

（行人偏の漢字の例1）徒

現代では、「徒歩」という言葉などに「徒」が使われている。古文では「徒らに（いたずらに）」や「徒（あだ）」と読み、「無駄なこと」を指す。現代でも使われている「徒労」は、まさに古文の無駄というイメージに当てはまる言葉。

（行人偏の漢字の例2）徐

「徐行」という言葉に使われているように、ゆっくり進んでいくイメージ。漢文でも、「徐に（おもむろに）」という形で、落ち着いてゆっくりと動作を始める様子を指す。

(行人偏の漢字の例3) 徹

「徹底的に」や「透徹」という言葉で使われるが、これは「最後まで行く」という意味になるので、行人偏になる。「徹する(てっする)」で、物事を完遂することを指す。

糸偏の漢字

糸偏は、糸に関連する漢字に使われますが、それ以外にも糸の性質にちなんだ意味を示すことがあります。糸は、まとめて1つのものにしたり新しいものをつくったりします。「結論」の結は細い糸が1つの糸になるようにまとまって仕上がる様子から生まれていると言われています。そのため、漢文では「結ニ」で「ついに」と読みます。「絶望」の絶も、糸を断ち切ったり、糸がほころんだりすることから生まれたと言われています。ちなみに「綻ぶ(ほころぶ)」も糸偏です。

(糸偏の漢字の例1) 練

「練習」の練は「練る=ねる」と読む。絹を練るように、物事を上達させるときに使う言葉。

（糸偏の漢字の例２）緩

「緩急」の「緩」は「緩い＝ゆるい」と読む。糸をきつくするか、ゆるくするか、というところから派生している言葉。

（糸偏の漢字の例３）終

「終了」の「終」は、漢文だと「終に＝ついに」と読む。糸の最後、つまり、終わりのところ。

言偏の漢字

言偏の漢字には、「言う」や「言葉」に関連したものが多くあり、言い訳や翻訳などの言葉に使われている「訳」や、計算の「計」があります。計算も、「一個、二個……」と言葉で数を数えるものなので、言偏が付いていると理由づけすることができます。

（言偏の漢字の例１）謂

何かものを言うときに使う言葉。漢文では、「所謂」という言葉が頻出。「いわゆる」と読み、今でも使われているが、「言い換えると」というような意味。

（言偏の漢字の例2）請

「請求」の請は、漢文では「請う＝こう」と読み、言葉で何かをお願いすることを指す。「申請」「要請」「請願」などは、請の漢字のイメージにぴったり合う言葉。

【「こころ」が付いている古文単語】

①こころにくし（心憎し）

［意味］**「奥ゆかしい」「心が引かれる」「上品で美しい」「恐ろしい」「怪しい」「いぶかしい」**

憎らしくなるくらいにすごいことを表し、肯定、否定のどちらの意味でも使われる。

［現代の言葉とのつながり］「こころが動く（＝感動する）」ような、物事に対する興味を指す言葉のもとになっている。

②こころあり（心有り）

［意味］**「情けがある」「情趣を解する」「分別がある」「下心がある」**

物事の美しさや面白さがわかる感覚、風流を理解する心を指す。

［現代の言葉とのつながり］「こころが深い（＝寛大だ）」のような、相手の度量の大きさや見識の深さを表す言葉のもとになっている。

③こころう（心得）

［意味］**「理解する」「精通する」「心得がある」「引き受ける」「承知する」**

何かに精通していて、理解できていることを指す。

［現代の言葉とのつながり］「心得ています（＝わかっています）」のように、現代にもそのままの形で残っている。

④こころづきなし（心付きなし）

［意味］**「気に食わない」「好きになれない」「心が引かれない」**

心がくっつくところがない、つまり、あまり好きになれないという意味。「こころあり」の逆。

［現代の言葉とのつながり］「心しておく（＝気をつけておく）」のように、注意したり留意したりしたほうが良いという意味の言葉のもとになっている。

⑤こころおとり（心劣り）

［意味］**「予想外に劣っていると感じられること」「幻滅」**

こころまさり（心勝り）

［意味］**「予想外に勝って感じられること」**

［現代の言葉とのつながり］「心象」という言葉があるように、「自分の頭の中でイメージしていること」を指す言葉のもとになっている。

⑥こころぐるし（心苦し）

［意味］**「かわいそうだ」「気の毒だ」「やりきれない」「心に苦しく思われる」**

「精神的につらい」という意味。ここでは他人の状況を察して、いたわる気持ちのことを「こころ」と呼んでいる。「思いやり」「情け」「人情味」と同義。

［現代の言葉とのつながり］現代でも「心苦しい」という言葉があり、「やりきれない」といった意味で使われている。

⑦こころもとなし（心許なし）

［意味］**「じれったい」「不安で落ち着かない」「気がかりだ」「ほのかだ」「ぼんやりしている」「かすかだ」**

こころゆく（心ゆく）

［意味］**「満足する」「気持ちが良い」「気が晴れる」「心がせいせいする」**

この2つの言葉のように、「感情を司るもの」としての「こころ」を示している。比喩表現として使い、どこかに行ったり、浮いたり、奪われたりすることを指す。

［現代の言葉とのつながり］現代でも「財布の中身が心許ない」「心ゆくまで堪能してね」などのような形で残っている。

【「こころ」以外でおさえておきたい古文単語】

①はかなし（果なし・果敢なし）

［意味］**「頼りない」「虚しい」「ちょっとしたことだ」「幼い」「たわいない」「粗末だ」「取るに足りない」**

「結果がない」から派生し、なんの成果も得られなかったことや、意味のないことなどを指す。転じて、不確かで、頼ることができないものを指す。

［現代の言葉とのつながり］現代では「はかない（＝儚い）」という言葉に変わっており、長く続かないことを指すが、根本的には「不確かで虚しいこと」を指す。

②まめなり（忠実なり）

［意味］**「真面目だ」「誠実だ」**

真面目で勤勉なことを指す。漢字で書くと「忠実」で「まめ」と読む。「まめまめし」という言葉もあり、これは「真面目だ」「本気だ」という意味の他に、「実用的で、本格的なもののこと」を指す。遊び心がないという否定的な意味もある。

［現代の言葉とのつながり］「まめな人」の「まめ」につながっている。真面目なだけでなく、遊び心

がなくて実直すぎるという否定的な意味も内包している場合がある。

③おぼつかなし（覚束なし）

［意味］**「はっきりしない」「気がかりだ」「不安だ」「不審だ、疑わしい」「会いたく思っている、待ち遠しい」**

はっきりしていないからこそ不安である、という様子を指している。恋人に対して使う場合もあり、「あの人が来てくれるかどうか、不安で焦れったくて、だからこそ待ち遠しくて……」という複雑な感情を「おぼつかなし」という言葉で表現していた。

［現代の言葉とのつながり］現代語の「おぼつかない」は、「頼りない」という意味だけでなく、さきほどの恋人の例がさらに拡大し、ビジネスなどにおいても「うまくいくかどうかわからない」という不安な様子を表す言葉になっている。

著者プロフィール

辻孝宗（つじ・たかむね）

西大和学園中学校・高等学校教諭
1975年生まれ。岐阜県出身。西大和学園では、東大古文講座を10年以上持ち続け、生徒の東京大学進学をバックアップしている。100人規模で実施されるその授業は、あまりの人気から立ち見の生徒が続出するほど。楽しいだけでなく、最小限の努力でつねに学年を全国トップレベルへと導く授業は、生徒だけでなく教員からも大きな支持を得ている。毎年、新しいスタイルで授業が展開されることから、久しぶりに見にきた卒業生が「自分たちが受けた授業とまったく違う！」と、驚きの声をよく上げるという。最近では、学外からの要望を受け、「古文の面白さ」を伝える一般向けの講演も行っている。

一度読んだら絶対に忘れない
国語の教科書

2023年9月30日　初版第１刷発行

著　者　辻孝宗
発行者　小川 淳
発行所　SBクリエイティブ株式会社
〒106-0032　東京都港区六本木2-4-5
電話　03-5549-1201（営業部）
装　丁　西垂水敦（krran）
本文デザイン　斎藤充（クロロス）
本文図版　伊藤まや（Isshiki）
本文DTP　クニメディア株式会社
編集協力　カルペ・ディエム
編集担当　鯨岡純一
印刷・製本　中央精版印刷株式会社

本書をお読みになったご意見・ご感想を
下記URL、またはQRコードよりお寄せください。
https://isbn2.sbcr.jp/20165/

落丁本、乱丁本は小社営業部にてお取り替えいたします。
定価はカバーに記載されております。
本書の内容に関するご質問等は、小社学芸書籍編集部まで
必ず書面にてご連絡いただきますようお願いいたします。

ISBN　978-4-8156-2016-5

大好評！　一度読んだら絶対に忘れないシリーズ

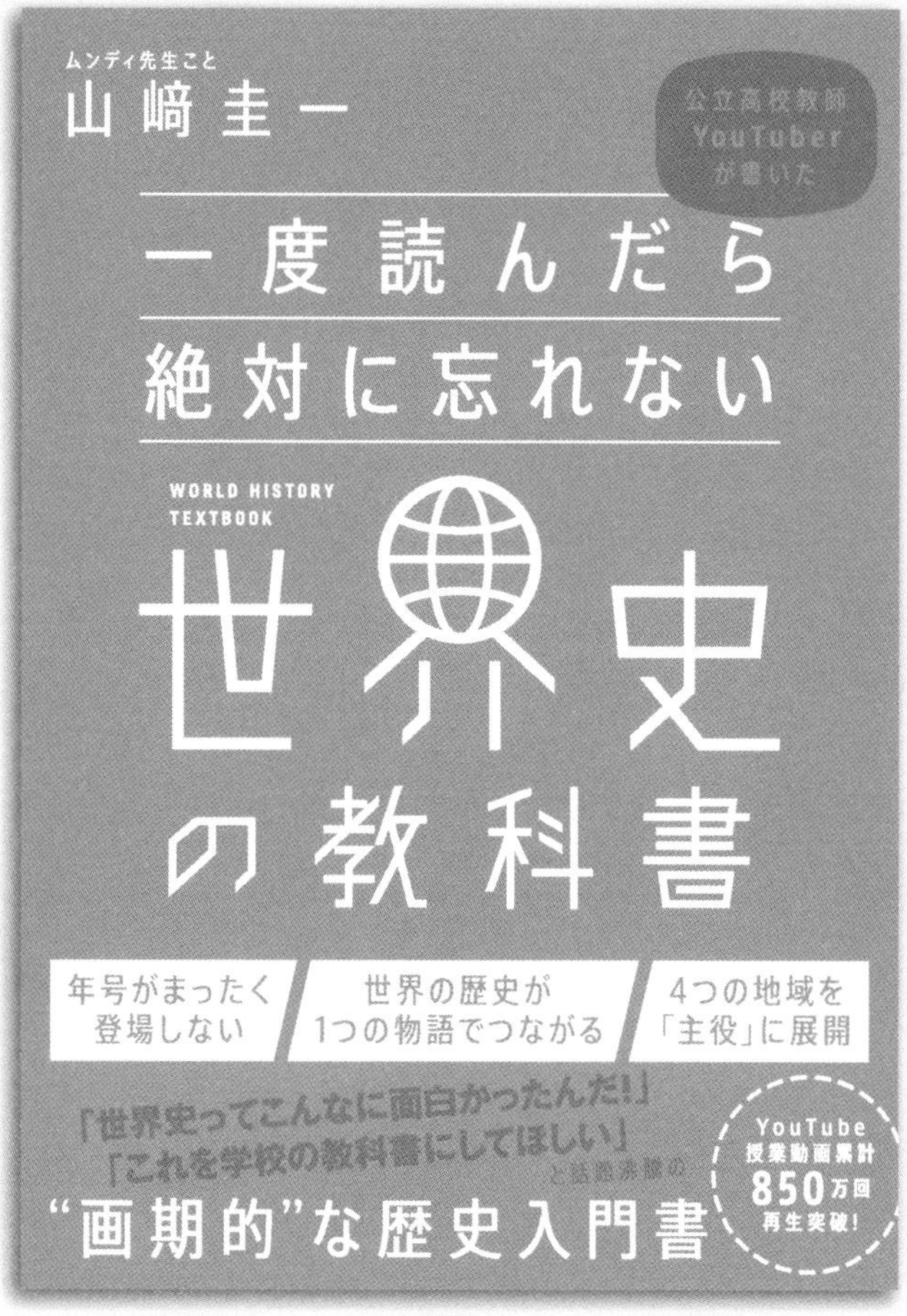

一度読んだら絶対に忘れない
世界史の教科書

山﨑圭一（著）
本体 1500円＋税
ISBN
978-4-7973-9712-3

50万部突破のベストセラー！　画期的な歴史入門書と話題沸騰！
年号を一切使わずに、４つの地域を主役に、
世界の歴史を１つの物語で読み解いた“新感覚”の世界史の教科書！